i

为了人与书的相遇

史景迁作品

鄢秀　郑培凯　主编

胡若望的疑问

The Question of Hu

[美] 史景迁 著　　陈信宏 译

Jonathan D. Spence

广西师范大学出版社
· 桂林 ·

著作权合同登记图字：20-2010-283

本书译文由时报文化出版企业股份有限公司授权使用。

图书在版编目(CIP)数据

胡若望的疑问 / (美) 史景迁著；陈信宏译.
— 桂林：广西师范大学出版社，2014.3（2022.1 重印）
书名原文：The Question of Hu
（史景迁作品）
ISBN 978-7-5495-5075-3

Ⅰ. ①胡… Ⅱ. ①史… ②陈… Ⅲ. ①胡若望 – 生平事迹
Ⅳ. ① B979.92

中国版本图书馆 CIP 数据核字 (2014) 第 030556 号

广西师范大学出版社出版发行

　广西桂林市五里店路9号　邮政编码：541004
　网址：www.bbtpress.com

出 版 人：黄轩庄
出 品 人：刘瑞琳
责任编辑：孟凡礼
校　　译：苏燕萍
书名题签：黄华侨
装帧设计：陆智昌
内文制作：陈基胜
全国新华书店经销
发行热线：010-64284815
山东韵杰文化科技有限公司

开本：880mm×1230mm　1/32
印张：7　字数：153千字
2014年3月第1版　2022年1月第4次印刷
定价：56.00元

如发现印装质量问题，影响阅读，请与出版社发行部门联系调换。

妙笔生花史景迁

郑培凯　鄢　秀

一

近半个世纪以来，西方列强对中国虽已停止了侵略殖民，但西方一般民众对中国的认识，仍然带有殖民心态与说不清道不明的迷思，三分猎奇、三分轻蔑、三分怜悯，还有一分"非我族类"的敌意。想到中国的山河广袤、人口众多、历史悠久，心目中浮现的图景就似真似幻，好像乘坐荒野打猎的越野吉普，手持望远镜，驰骋过山林丛莽，观看熊罴虎豹、狮子大象、猿猴猩猩、斑马羚羊，倏忽群兽遍野，狼奔豕突，倏忽蒿草无垠，万籁俱寂。中国像万花筒，什么都有，什么花样组合都变得出来；中国历史像变魔术，可以把一切想象变成真实，又可以把一切真实变成幻象；中国文化传统玄之又玄，阴阳变化，万象归一，天下万物生于有，有生于无，变是不变，不变是变。不要说听的人越听越糊涂，讲的人也是越讲越糊涂，于是，中国也就"假作真时真亦假"，神龙见首不见尾了。

其实，在欧美真想了解中国历史文化，也有不少西文学术书可供阅读，从孔子到毛泽东，都有所论述，而且大体上都提供了史实正确的知识。读者对中国近代有兴趣，也可以从各类学术专著与教材，知道些翻云覆雨的历史大人物，得知鸦片战争肇启列强对中国领土资源的觊觎与蚕食，得知中国从几千年的帝制转为民国政体，得知军阀混战与日本侵略，得知国共内战与共产党的胜利。耐下心来读点思想史与社会经济史，还能知道耶稣会传教给中国带来一些科学新知、早期中西文化接触给西方启蒙运动提供滋养、清代思想统治影响学术变化、明清以来人口流动与增长的情况、美洲白银与农作物传入改变了中国经济结构。甚至会发现，原来有这么许多学术专著讨论中国近代历史事件与特定人物，探讨传统社会生产与伦理关系的解体，研究政体改变与城乡结构的变化，以及西潮如何冲击文化传统、思维逻辑与教育制度，等等。但是，对一般读者而言，学术专著太深奥，教科书又太枯燥，陌生的人名、地名、事端、争论，令人越看越纷乱，满脑都是糨糊。实在不懂为什么中华帝国会反对通商、反对自由贸易、反对门户开放，不懂为什么一向讲究礼义和平的老百姓会突然变成革命群众，不懂中国人民到底在想什么。好像愈知道许多人物与事件，却愈加糊涂，有如雾里看花。

这几十年来欧美出了一位研究中国史的奇才史景迁（Jonathan Spence），他最大的贡献就是以优美流畅的文笔，把中国近代错综复杂的人物与史事，通过严谨的历史考证，参照专家的钻研成果，以"说故事"的传统历史方法，娓娓道来，让西方读者"拨开云雾见青天"，对中国的历史经历有了"感觉"。

二

"史景迁"这个华文名字，是他在耶鲁大学研读历史学博士学位期间，一位中国史学前辈房兆楹给他取的，寓意明显，期望也高，学历史就要景仰司马迁，以司马迁为楷模。司马迁的《史记》，材料丰富，考辨严谨，叙事清楚，条理分明，文笔生动，"究天人之际，通古今之变，成一家之言"。史景迁是现代史家，不像司马迁出身"史卜巫祝"传统，有着"究天人之际"的使命，但是，他研究晚明以迄当代的中国历史，叙事的方法与文体却循着《史记》的精神，的确当得起"通古今之变，成一家之言"的赞誉。从他第一部《曹寅与康熙》(*Ts'ao Yin and the K'ang-hsi Emperor: Bondservant and Master*) 开始，他就结合档案史料与研究曹雪芹先世的各类文史资料，写了康熙皇帝的治术，同时也勾勒了清朝天子的内心世界。这种对原始资料的扎实研究基础，让他在第三部著作《康熙》(*Emperor of China: Self-Portrait of K'ang-hsi*) 中，得以化身康熙，以第一人称的叙事方法，发挥历史想象，充分展现康熙大帝的喜怒哀乐，让西方读者看到一个有血有肉的中国皇帝。书写康熙，把一切客观历史材料转为自传文体，必须从天子的角度看天下，涉及各种各样的天下大小事，以宏观的视野，高屋建瓴，为大清帝国的长治久安着想。如此，表面是书写假托的康熙自传，实际上却必须考虑中华帝国的方方面面，从统治天下的全相角度呈现中华帝国的全貌。

史景迁第二部书《改变中国》(*To Change China: Western Advisers in China, 1620-1960*)，探讨近代西方人士如何参与及推动中

国的历史变化，从早期的传教士汤若望、南怀仁，清末的戈登、赫德、丁韪良、傅兰雅，一直写到民国时期的鲍罗廷、白求恩、陈纳德、史迪威，开启了他对中西文化接触与交流的研究兴趣，撰写了后来一系列相关著作。他的兴趣，从西方人在华活动扩展到中西文化接触所引发的思维刺激与调适，探讨不同文化碰撞时相互理解与误解的困境。具体的人物在特定的历史环境中，都有独特的引人入胜的故事发生，不但是西方人在明末的中华帝国会有各种奇特遭遇，中国人在 18 世纪初欧洲的异国遭遇更令人难以想象。史景迁就像福尔摩斯一样，利用他掌握多种欧洲语言的优势，进入中外历史材料的迷宫之中，追索隐藏在历史帷幕后面的蛛丝马迹，想象中外历史文化接触的夹缝中，远赴异乡的人物是如何生活的，而其遭遇又如何存留成历史的记忆。他混合运用中外史料，披沙拣金，追索明末利玛窦远渡重洋，由西徂东，来华传教的经历，也写了广东天主教徒胡若望流落法国的一桩公案，更整合了蒙古西征之后，西方对中国的想象与描绘。

《利玛窦的记忆宫殿》（*The Memory Palace of Matteo Ricci*），上溯到明末耶稣会士来华传教，如何适应中国的文化环境，如何利用欧洲流行的记忆术作为敲门砖，打入热衷科举考试、重视背诵诗书的士大夫群体。《胡若望的疑问》（*The Question of Hu*），写一个中国天主教徒胡若望因傅圣泽神父（Jean-François Foucquet）的提携，远赴法国，却因举止乖张，流落异乡，甚至被关进疯人院里，三年后才得以返回广东家乡。史景迁利用了梵蒂冈的教廷档案、大英图书馆档案及巴黎的国家外事档案，拼成一幅匪夷所思的雍正初年广东华人流落法兰西的故事图景。《大汗之国》（*The Chan's Great Continent: China in Western Minds*）则综观西方人如何想象中国的历史历程，从蒙元时期的鲁不鲁乞修士、马可波罗，一直到当代的尼克松、基辛格，不但写来华西方人所记的中国经历，也写没来过中国的文人作家如何想象中国，影响了一般民众的中国印象。对于中国读者而言，这些经由仔细爬梳欧西档案与文史群籍得来的历史资料，经过天孙巧手缝缀成一个个动听的故事，就像一面面精美的缂丝挂毯，不但引人入胜，也开拓了我们的眼界，了解不同文化的相遇、碰撞与互动是多么的错综复杂，时常还惊心动魄，比小说虚构还要离奇。

　　《康熙》在 1974 年出版之后，引起出版界的轰动效应，深受读者欢迎，成为畅销书，甚至被白修德（Theodore H.White）誉为"经典之作：把学术提升到美的范畴"。西方史学界也开始注意史景迁书写历史的修辞策略，称赞他文体自成一格，剪裁史料别具慧心，从不大张旗鼓宣扬新的理论架构，却在不经意处，以生动的故事叙述，展现了历史人物与事件所能带给我们的历史文化思考。他继之在 1978 年，写了第四部著作《王氏之死》（*The Death of Woman Wang*），以山东郯城的地方志、黄六鸿的《福惠全书》、蒲松龄的《聊斋志异》为史料基础，探讨清初小老百姓的生活环境与想象空间，从宏观的天下全相与中西文化观照，推移镜头至偏僻乡间农民与农妇的生活，把蒲松龄的文学想象穿插到梦境之中，以不同角度的现实与虚构特写，重组了十七世纪山东农村的生存处境。这部书最引起史学界议论的，就是剪裁蒲松龄如梦如幻的优美文字，用以虚构妇人王氏临死之前的梦境。史景迁运用文学材料书写历史，当然不是要呈现实际发生的史实，不是妇人王氏的"信史"，却可以引发读者想象清朝初年的山东，在历史意识上触及当时历史环境的"可能情况"。

书写历史，最重要的是要依靠文献证据，假若文献未曾明确提供材料，可不可以运用想象去重新构筑历史场景？这就是现代历史书写最蹊跷暧昧的领域，也是后现代史学不断质疑与解构的关键。他们不但质疑史料经常不足，或是一批"断烂朝报"，缺失的比留存的材料可能要多，不足以反映历史实况，令人更加质疑所有历史材料的可靠性。像海登·怀特（Hayden White）这样的历史哲学论者，就在他的《元史学》（*Metahistory*）中提出，所有的史料，包括第一手材料与档案，都是具体的个人记录下来的，一牵涉到具体的人，就有主观的思想感情倾向，就不可避免有"人"的历史局限，就不可能完全科学客观，做到巨细靡遗地记录牵扯到人与事的复杂情况，而不掺入运用修辞逻辑的历史想象。他甚至进而指出，历史写作与文学写作无大差别，都是运用文字，通过想象修辞的手段，与不同倾向的书写策略，虚构出一个文本。这种推衍到极端的主观书写论，有其立论的根据与辩难的目标，很难斥为无稽，但却故意扭曲了文学创作与历史求真求实的基本意图有所不同。值得在此提出的是，史景迁的著作不能归入"后现代"的主观虚构历史书写之中，因为他写每一本书，都恪遵传统史学的规律，尽量使用存世的史料，上穷碧落下黄泉，从中国史书方志档案到西方史志档案，几乎做到"无一字无来历"。他在连接史料罅隙，推理可能历史情况时，也明白告诉读者，文献材料是什么，作者解读的历史"可能"是什么，从不混淆视听。

三

史景迁的史学著作，经常是雅俗共赏，兼顾学术研究与通俗阅读，一方面让专家学者思考史学探索的意义与方向，另一方面又让一般读者深入理解中国近代的历史，特别是中国人生存的时代环境与生命意义的追寻。他写的《天安门：中国人及其革命，1895—1980》（*The Gate of Heavenly Peace: The Chinese and Their Revolution, 1895-1980*）与《追寻现代中国》（*The Search for Modern China*），最能显示他史识的通达与文笔之流畅，能够不偏不倚，就事论事，却又充满了历史的同情与了解，让西方读者理解，中国是一个实实在在的地方，即使难以认同中国历史的发展，却也看到生活与奋斗其中的历史人物，都是有血有肉有感情的人，在特定的黯淡历史环境中，奋勇追寻茫茫前途的一丝光明。《天安门：中国人及其革命，1895—1980》着眼中国近百年文化人与文学家的处境，环绕着康有为、鲁迅、丁玲以及他们的师生亲友，旁及所处的历史环境与文化空间，写他们的追求、挫折、困境与期盼；《追寻现代中国》则以教科书撰述通史的形式，历述明末以迄当代的政治经济变化，从晚明的繁华到清兵入关，从康乾盛世到晚清颓败，从鸦片战争到康梁变法，从五四运动到共产党执政，从"大跃进"一直述说到改革开放，同时没忘了论及曹雪芹与《红楼梦》、"五四"时期的蔡元培、陈独秀、胡适、鲁迅等，指出文化变迁的长远影响。这两本历史著作的书写方式，都是传统史学呈现历史全相的主流写法，出版后，都在欧美图书市场成了历史畅销书，并且自1990年以来，成为西方大学中国史课程的通用教科书，影响了好几代大学生与文化人。他接着出版的《太平天国》（*God's Chinese Son: The Taiping Heavenly Kingdom of Hong Xiuquan*）、《雍正王朝之大义觉迷》（*Treason by the Book*）等等，一直到近年的《前朝梦忆》（*Return to Dragon Mountain: Memories of a Late Ming Man*），每一本书问世，都能生动活泼地呈现中国的历史经验，掀起畅销热潮，使西方读者对中国近代历史变化的认识更加深入，加深对于中国历史文化的同情。

史景迁的历史著作如此畅销，受到广大读者的喜爱，也就遭到一些传统学究型历史学家的讽刺，说他是"说故事的"史学家，不曾皓首穷经、在故纸堆中考据出前人未见的史实，而且视野过度宽广，未曾穷毕生之力，专注某一桩历史事件，成为特定历史题材的"权威专家"。也有些以社会科学方法自诩的社会经济史学者，认为史景迁著述虽多，但提不出一套理论架构，对历史研究的科学性毫无贡献，又不以社会科学"放之四海而皆准"的普世性为依归，不曾努力把中国历史文化研究纳入普世性社会科学，充其量只是引起西方对中国历史文化的兴趣。这些批评其实都是皮相之论，以狭隘的学术观点、本位主义的专业立场，排斥历史学的基本人文精神与开发多元的普世关怀。

从政治大事的角度书写历史全相，是中国传统史学的主流写法，《春秋》纪事罗列重要事迹，《史记》叙事以"本纪"为经，"列传"为纬，辅以表记志书，成为中国正史的写作通例。司马光的《资治通鉴》与后来的各种"纪事本末"，虽在传统史学体例之中另列一格，其实还是全相式的政治事件书写。不仅中国史学传统如此，西方史学从古希腊开始，也是以叙述"故事"为主。希罗多德（Herodotus）的《历史》，糅合各种资料与传闻，删汰芜杂，以"说书"的叙述方式呈现。古希腊文 historein，本义是"问询"，意即司马迁在《史记·太史公自序》所说的，"罔（网）罗天下放失旧闻，王迹所兴，原始察终，见盛观衰"。太史公作《五帝本纪》，记述上古传闻资料，也面临类似的问题，自己还作了检讨："百家言黄帝，其文不雅驯，荐绅先生难言之。……余尝西至空桐，北过涿鹿，东渐于海，南浮江淮矣，至长老皆各往往称黄帝、尧、舜之处，风教固殊焉，总之不离古文者近是。"希罗多德之后的修昔底德（Thucydides），对记述往古的传闻颇不以为然，认为可靠的历史只有当代的记录，因此撰写当代的战争大事为《伯罗奔尼撒战争史》，在资料的"问询"上有亲身的经历，还可以采访许多身历其境的当事人，得以对勘论辩。虽说着史风格有所不同，更加强调资料源的可靠性，但其呈现战事发生的前因后果，仍是政治事件的全相叙述。不论是司马迁、希罗多德，还是修昔底德，叙述历史的修辞手法，都是去芜存菁，运用明畅的文字，讲一个动听的故事。到了欧洲启蒙时代，吉本（Edward Gibbon）写《罗马帝国衰亡史》，还是遵守这个写历史"说故事"的基本原则。

倒是近代的历史学家，先受到 19 世纪兰克学派的影响，在历史研究领域强调科学实证，以考辨史实为历史研究主要任务，长篇累牍进行钉饳考证，以显示历史研究的专业化。学术机构的建立、文史哲的专业分科、学术专业职场化、学术职业升迁的专业评核，把文化学术的理想转为薪酬饭碗的优渥，加剧了历史研究钻牛角尖的倾向，迫使严肃而有才华的历史学家随波逐流，把全副精神放在历史学科制度的规范要求上面，使得全相性叙事的历史著作遭到学院的排斥，沦为毫无史观与史识的历史教科书与通俗历史演义的领域。到了 20 世纪后半叶，历史研究的科学客观性遭到挑战，许多史学家又从一个极端摆荡到另一个极端，转向以"观点"与"问题意识"为主导的探讨，充满了政治正确与社会意识的信念，强调阶级、种族、性别、弱势群体，从各种文化批判角度，进行"把历史颠倒的重新颠倒过来"的工作，化历史研究为意识形态斗争的场域。

总而言之，以新角度新观点来书写历史，拓展我们对历史的认识，或者指出传统历史书写的局限与歧视，固然有其价值，但全相叙述的历史书写传统，还是不该断绝的。不仅如此，历史研究虽然已经成为学术专业领域，却也不能放弃学术研究的基本人文关怀，不能排斥学术通俗化的努力，不能把一般人有兴趣的历史题材当作没有价值的老生常谈，更不能把自己文字能力的艰涩鲁钝作为学殖深厚的借口。由此看来，史景迁既能著述宏观全相的中国历史，又能在历史叙述的实践上探索新的历史研究领域，以生动的笔触揭示新的观点与问题意识，难怪可以雅俗共赏，也为中国历史研究提供了值得深思的启示。

中国史学传统要求史家具备"才、学、识"（刘知几），章学诚又加了"德"。在《文史通义》中，章学诚是这么解释的："义理存乎识，辞章存乎才，征实存乎学"，强调的是，要有文化传统的认识与关怀，要有书写叙述的文采，要有辨伪存真的学殖。对于他自己提出的"史德"，章学诚在《文史通义》立有专章，作了详细的疏解，关键在于：

"能具史识者，必知史德。德者何？谓著书者之心术也。"余英时在《论戴震与章学诚》一书中指出，章学诚的史学思想承袭了中国儒家传统，太注重政治伦理，所强调的"史德"偏于传统道德的臧否，而不同于现代史学强调的客观性："其主旨虽在说明历史学家于善恶是非之际必须力求公正，毋使一己偏私之见（人）损害历史的'大道之公'（天）！但是这种天人之辨仍与西方近代史学界所常讨论的历史的客观性和主观性有不同处。"我们若把章学诚对"史德"的要求与余英时的评论放在一起，借来观测史景迁的历史著作，就会发现，史景迁的现代西方史学训练，使他不可能陷入儒家道德臧否性的中国传统"史德"误区。反倒是因为他身为西方学者，远离中国政治，与中国近代的政治伦理没有切身的关联，没有族群兴衰的认同，没有利益的瓜葛，不会以一己偏私之见损害历史之大公。从这一点来说，史景迁书写中国历史的实践，配合了余英时的现代史学反思，为中国史学传统的"才、学、识、德"，提供了颇饶兴味的现代诠释。

四

这套丛书两位主编之一的郑培凯，与史景迁先生有师生之谊，是史先生在耶鲁大学历史系任教时正式招收的第一个博士研究生。自 1972 年开始，他就在史先生指导之下，浸润历史学的研读与思考，并且从一个学生的角度，反复阅读老师的历史著作，以期学习历史研究与书写的诀窍。从《康熙》的写作时期开始，郑培凯就不时与老师切磋问学，还会唐突地询问老师写作进度与历史书写的策略。史先生写《王氏之死》、写《天安门：中国人及其革命，1895—1980》、写《利玛窦的记忆宫殿》、写《追寻现代中国》，从开题到完书出版，郑培凯都有幸过从，亲聆教诲，还时而效法"有事弟子服其劳"的古训，提供一些不轻易经眼的文献资料。老师对这个学生倒也施以青眼，采取自由放任态度，提供了最优渥的奖学金，有酒食则师生同馔，老师埋单付账。在耶鲁大学学习期间，郑培凯自己说，从老师习得的最大收获，就是如何平衡历史书写的客观材料与剪辑材料的主观想象，运用之妙，存乎一心。而那个"一心"，则类乎章学诚说的"著书者之心术"。

《天安门：中国人及其革命，1895—1980》一书在1981年出版之后，郑培凯立即以之作为讲授中国近代史的辅助教材，并深深佩服史景迁驾驭纷繁史料的本领。此书不但资料剪裁得当，文笔也在流畅之中流露深厚的历史同情，使得历史人物跃跃欲出。郑培凯曾自动请缨，向史景迁建议申请一笔译书经费，翻译成中文出版。他当时也大感兴趣，认为由这个亲自指导的学生迻译成中文，应当可以掌握他的文气与风格，忠实呈现他的史笔。然而，后来因为经费没有着落，郑培凯又教研两忙，杂事纷沓，抽不出时间进行这项工作，只好放弃了一件学术功德，让它变成"姑妄言之，姑妄听之"的逸事，回想起来，不禁感到有愧师门。这本书翻译未成，倒是触动了史景迁编写一部中国近代史教科书，同时辅以一本中国近代社会文化史料选译集的想法，商之于郑培凯与李文玺（Michael Lestz）。这两位学生遵从师教，花费了五六年的时间，终于完成了这项史料翻译选辑工作，出版了《寻找近代中国之史料选辑》(*The Search for Modern China: A Documentary Collection*, New York, Norton, 1999)。

近年来，出现了不少史景迁著作的中文译本，几乎包括了他所有的专书，质量则良莠不齐，有好有坏。有鉴于此，广西师范大学出版社的总编辑刘瑞琳女士想出一个方案，策划集中所有中文译本，邀请郑培凯做主编，选择优秀可靠的译本为底本，重新校订出版。郑培凯与史景迁商议此事，立即获得他的首肯。广西师大出版社经过一番努力，终于取得史景迁全部著作的中文翻译版权，也让郑培凯感到可以借此得赎前愆，完成二十年前未遂的心愿，可以亲自监督校订工作，参与翻译大计。然而兹事体大，怕自己精力有限，不能逐字逐句校读所有的篇章，无法照顾得面面俱到，便特别延请了研究翻译学的鄢秀，共同担任主编，同心协力，校阅选出的译本。

在校阅的过程中，我们发现，即使是优秀的译本，也难免鲁鱼亥豕之误。若是笔误或排印的问题，便直接在校阅之中一一更正。还有一些个别的小错，是译者误读了原文，我们便效法古人校雠之意，经过彼此核对原文之后，尽量保持译文语句，稍作改译，以符合原文之意。

我们在校读的过程中，发现最难处理的，是译文如何忠实表现史景迁原书的风貌。史景迁文笔流畅，如行云流水，优美秀丽，时有隽永笔触，如画龙点睛，衬托出历史人物的特质或历史事件的关键，使读者会心，印象深刻，感到有余不尽。我们看到的各种译本，虽然有的难以摆脱欧化语法，大体上都还能忠于原作，在"信"与"达"方面，差强人意。但若说到文辞的"雅"，即使是最优秀的译本，也因为过于堆砌辞藻，而显得文句华丽繁复，叠床架屋，是与原著风格有一定差距的。由于译本出于众手，每位译者都有自己的文字表达风格，因此，我们校读不同的译本，只能改正一些排版的错误与翻译的误读，无法另起炉灶，进行全面的文体风格校订。

翻译实在是难事，连严复都说，"一名之立，旬月踟蹰"，真要挑剔起来也是没有止境的。我们作为史景迁系列作品的主编，当然要向原作者、译者及读者负责，尽心尽力，精益求精，作为学术功德，完成这项计划，为中国读者提供一套最为精审的译本。我们也希望，读这套译本的中国读者，要体谅翻译的限制，能够从字里行间，感到原作的神韵，体会原作的惨淡经营，又能出以行云流水的笔调，向我们诉说中国近代历史与人物。故事原来都是我们的，听史景迁说起来，却是如此动听，如此精彩，如此引人入胜。

目 录

献给柯林以及伊恩

幸福啊！如尤利西斯成就了美好的旅程

——约阿希姆·杜·贝莱

序　言
Preface

　　胡若望最令人惊奇的一点，也许就在于我们竟然会知道有这么一个人。中国的传记传统大量记载了学者与政治人物、思想家与诗人、道德高尚的人物以及言行异于常人的隐士。商人如果富有而乐善好施，武人如果英勇捍卫国土或平定内乱，也有可能见诸史册。然而，胡若望却不属于前述任何一种人物。他性格惹人烦厌，其貌不扬，出身寒微、生活贫困，又没有地位显赫的亲戚可供攀附，而且只受过粗浅的教育。因此种种，他唯一能做的工作就是帮人抄写文件；他与人冲突时虽然勇敢，却缺乏谋略；他虽然信奉天主教，在教会里却没有升上多高的职位；他虽然在1722年曾到过欧洲一次，并且待了三年以上，但大部分时间却都被囚禁在疯人院里，针对这段经历他也只写了两封简短的信件，其中一封还遗失于寄送途中。

　　然而，关于胡若望这个人的详细记载却保存在世界三大档案库里：罗马的梵蒂冈图书馆（Bibliotheca Apostolica Vaticana）、伦敦的大英图书馆（British Library）以及巴黎的法国外方传教会档案馆（Archives Affaires Etrangères）。这些资料之所以留存下来，主要是因为当初在 1722 年把胡若望从广州带到欧洲的耶稣会神父傅圣泽（Jean-François Foucquet）心中的愧疚使然。胡若望在 1726 年从法国返回中国之后，巴黎与罗马便有流言指称傅圣泽对待胡若望颇为苛刻。刚升上主教的傅圣泽为了维护自己的名声，于是针对自己与胡若望的关系撰写了一份详尽的记述，交给他的友人与教会高阶人士传阅。他称自己的记载为"真实叙述"（Récit Fidèle）。其中一份抄本由圣西蒙公爵（Duc de Saint-Simon）取得，他是路易十四统治时期的著名史官，也是傅圣泽的朋友。后来，这份记述连同圣西蒙的其他文件收入了法国国家档案馆。另有一份抄本在十八世纪后期流入公开市场，而在十九世纪被捐赠给大英图书馆。第三份抄本则是归入了教宗档案，连同傅圣泽其他未发表的著作、日记与书信本，送交时间可能是 1741 年傅圣泽去世之后。[1]

这三份"真实叙述"的抄本各自都有页面边缘的笔记和作者的评注，可见傅圣泽只要有空，仍然持续润饰及阐明他自己的记述。比起罗马和伦敦的抄本，法国的抄本没有那么多的附注，显示这份抄本可能是最早的版本，也许是傅圣泽亲手递交给圣西蒙的，因为圣西蒙的影响力可能有助于证明他的清白。大英图书馆的抄本附有一两封其他抄本里所没有的信件，抄本页边还有许多注记，但也有缺漏之处，并且在内文里提及若干"事后补上"的文件，但却未见这些文件附录其后，可见这个版本出现的时间应是介于另两份抄本之间。罗马的抄本不仅有几个简短的注解是在巴黎与伦敦的抄本里所没有的，显示这是三份抄本中时序最晚的一份，而且还附有一叠非常珍贵的信件，标示着从"A"到"N"的字母。这些都是"真实叙述"里提及的信件。此外，罗马的抄本还附有 1724 到 1725 年间傅圣泽和另一名耶稣会神父戈维里（Pierre de Goville）谈及胡若望的所有信件。

在梵蒂冈的收藏中，与十七至十八世纪的各类中国文件在一起的，还有一份目前所知仅存的胡若望亲笔信件，是他以中文写给傅圣泽的，日期可由间接证据推算为 1725 年 10 月。在广州地区的高阶官员呈交给皇帝的机密奏折当中（这些奏折皆收藏于北京的"中国第一历史档案馆"，近来以影本印行），虽然没有提及胡若望的姓名，却详细记载了他前往欧洲所搭乘的法国舰队在中国的到港与离港状况。此外，奏折中也记录了有关樊守义（Louis Fan）的不少信息。樊守义是一名皈依基督教的中国人，比胡若望早十年前往欧洲，并且在胡若望动身前一年回到中国。关于胡若望在欧洲的这段历史，还有些资料可见于巴黎警政官员与沙朗通（Charenton）精神病院先后几位院长的早期档案。这些档案皆保存于巴黎苏比斯府邸（Palais Soubise）的法国国家档案馆（French National Archives）。1764 年发行的新闻报《犹太通讯》（Lettres Juives）曾经节录胡若望的故事，但内容颇多断章取义之处[2]；后来伏尔泰在他的《哲学辞典》里，也根据这则内容不完整的报道而增写成一篇短文。[3]

不过，我们对胡若望的了解，终究还是得仰赖傅圣泽的记载。不同于现代的某些记史者，傅圣泽没有试图借由抹除过往以证明自己的无辜，反倒精心整理与保存了所有的短笺与信件，即便资料内容对他呈现的形象不尽正面，他也不以为意。他抄写和记录了许多资料，坚信完整的资料会证明他的正直。我并不认为傅圣泽对待胡

若望的方式是正确的，但我却是因为他所保存的记录，才得以做出
这样的判断。因此，即便我认为我成功批判了他，但就某方面而言，
他仍然是胜利的一方。

史景迁

布洛克岛

1987 年夏

注释

1　"真实叙述"的三份抄本分别列于巴黎的法国外方传教会档案馆（Archives Affaires Etrangères，以下简称 AAE）；罗马梵蒂冈图书馆（Bibliotheca Apostolica Vaticana，以下简称 BAV）的 Borg Cin, 467；与伦敦大英图书馆（British Library，以下简称 BL）的 Add MSS 26817 这三个书目条目下。汉学家考狄（Henri Cordier）曾在 1882 年出版 AAE 版的副本，则是列于 RF 的条目下。

2　《犹太通讯》（*Lettres Juives*），1764, V, letter 147, 269-273。编者怀着嘲讽之意而将这一期献给堂吉诃德的搭档桑丘（Sancho Panza）。提及胡若望的这封信件（信中没有提到他的姓名，但有傅圣泽的姓名）目的在于揭露秘密逮捕令这种拘押制度的滥权问题。

3　Voltaire, *Dictionnaire Philosophique*, 1784 ed., section, "Ana, anecdotes," pp. 304-306.

天主則涼難追贖乃因惆情叩及便呈養親有缺聰禮進堂代聽彌撒等事倘失恐未得罪倘難容失情陪等○○○至兩難廣原諒

伽希 金諒凡事省察循理祈早

示行旌統難失望可也不宣稟

上

傅罷德勛 聖起詳万府省 老爺 座五刖

編邑堂晚生胡若望拜書

1725 年 10 月，胡若望致傅圣泽的亲笔信（现藏于梵蒂冈图书馆）

第一章　疑问

1725 年 10 月 12 日　星期五

沙朗通，邻近巴黎

胡若望在接待厅门口停下脚步，望了望室内。接待厅里坐着十几个身穿教士服的男子。帮他着装并且把他从病房带出来的看护站在他身旁，以防他突然出现暴力举动。他们没有向他说明带他出来的原因，因为他听不懂法语，而他们也不会说中国话。

胡若望在沙朗通的精神病院待了两年半，身上的衣物已破烂不堪。他穿着一件肮脏褴褛的中国式上衣和一条衬裤，脚上套着一双霉烂的中国袜，蹬着破损的拖鞋，肩上围着一件破旧的欧式短上衣。他的一头黑色长发披散在肩上。"他的脸看起来像是从坟里挖出来的尸体一样，"接待厅里一位名叫戈维里的教士，三天后这么写道，"由于他的体格和容貌也毫无特出之处，因此看起来比较像是个挨饿的流浪汉或乞丐，而不像是个中国读书人。"[1]

当戈维里神父喊出一句中文的问候语，胡若望的脸随即亮了起来，仿佛感受到了某种内在的满足。不过，他也同时看到了戈维里身后的墙上，在许许多多的镀金框宗教画作之间，挂着一只大十字架。胡若望指向十字架，仿佛其他人都没有看到似的，随即跪了下去，并且俯伏在地，前额贴在地板上，然后又跪起来，再趴伏下去，如此连续五次。他向主耶稣敬拜完毕之后，便站起身来，向在场的每个人一一打躬作揖。经过这番折腾，他才在众人的敦促下坐了下来。

　　胡若望与戈维里谈了一个多小时。戈维里的中文说得相当流利，因为他以传教士的身份在中国住了二十三年，主要都在广州及其邻近地区。[2] 当时英国商人在广州地区都找不到愿意帮他们担任通译的中国人，于是戈维里就扮演了这个角色。他问胡若望为何衣衫褴褛，为何身无分文，又为何没有履行他和傅圣泽神父的工作约定，而将胡若望从中国带到欧洲来的就是傅圣泽。胡若望口齿流利地仔细回答了每一个问题。最后，戈维里问他有没有什么问题要问。有的，胡若望说，他有一个问题："为什么把我关起来？"[3]

注释

1　戈维里于 1725 年 10 月 15 日写给傅圣泽的信中，描述了他在前一周 10 月 12 日星期五与胡若望的会面，详见可见于 BAV, Borg Cin, 467, pp.165-168。傅圣泽对这封信的部分概述与批评可见 RF 541-547。

2　关于戈维里其人，见 Pfister no. 258，及荣振华：《十六至二十世纪入华天主教传教士列传》(Joseph Dehergne, *Repertoire*, no. 382；至于戈维里的语言能力，见 Morse, I, 158。

3　戈维里将胡若望提出的问题以罗马拼音记录为 "so muen kin kinti"，以当今的汉语拼音应写为 "[Weishenme] suomen jinjindi"（为什么锁门紧紧地），详见 Borg Cin, 467, p.168。

第二章

启程

1721 年 9 月 30 日 星期二

广州

　　胡若望被指派为看门人，这是潘如神父（Domenico Perroni）委派他的工作。[1] 潘如神父是教廷传信部（Sacred Congregation for the Propagation of the Faith）的主持人，这个组织代表教廷协调广州地区各天主教传教士的工作——至少试图这么做。[2] 胡若望的职责就是查验所有进出传信部园区的人员，这个园区内不仅有潘如神父与员工的宿舍以及各部门办公室，还有一间规模不小的教堂。有时候，决定哪些人员可否通行是相当棘手的问题。广州人火气很大，而西方人在当地并不怎么受欢迎。

　　挑选胡若望来担任这项工作，无疑是个明智的选择。他是个四十岁的鳏夫，太太已去世多年，为他留下一个儿子，现在已近乎成年。胡若望并没有再婚，而是和母亲还有一名兄弟住在一起。[3] 他出生于广州西南方，接近佛山这座繁盛的商业城市，在珠江三角洲蜿蜒纵横的溪流和水道之间。不过，他的家族原本来自更北一点儿的江西省，而且胡若望也总是自称为江西人。[4] 他颇有学问，信仰也非常虔诚。所谓"有学问"的意思，不是说他通过科举考试取得了功名，也不是说他懂得欧洲语言，而是说他识得中文字、能够写一手工整的笔迹，对于古典的文章形式和成语也有所掌握。[5] 他有能力誊写他的职务所需的各项记录。这种程度的识字能力非常重要，因为潘如神父身为中国南部的教廷传信部庶务长，自然必须和当地传教士与罗马方面进行许多机密通讯，而他的一名仆人却在 8 月把一封重要信件送到了错误的对象手上。那封信件原本是写给一名耶稣会教士，但那个仆人却把信件送给了一位方济会修士，原因是这两位人士的中文姓氏虽然不是同一个字，发音却一模一样。[6] 这项错误不仅令人难堪，其结果甚至可能造成损害，因为方济会可以利用信中的信息来谋取他们的利益。

此外，胡若望对基督教信仰的虔诚不仅众所周知，而且信仰已久。他早在 1700 年就皈依基督教，那时他才十九岁，耶稣会神父庞嘉宾（Gaspar Castner）与利国安（John Laureati）正在佛山及邻近地区努力讲道以及建设教堂，而为当地的基督教信仰奠定了活跃的基础。[7] 胡若望受洗之后取名若望（译注：即利国安原名 John 的音译），借此向利国安神父致敬。后来，他的儿子出生之后，他也让儿子受洗，并且取名盖斯帕（译注：即庞嘉宾原名 Gaspar 的音译），以纪念庞嘉宾。

由于胡若望熟知基督教教义，信仰又虔诚，因此被选为传信部那座教堂的传道师。[8] 传道师的筛选非常严谨，广州的中国传道师又素以勤勉真诚著称。由于中国人在西方人面前说话总是多所保留，面对自己的同胞则能够比较坦承说出自己的私密之事，因此欧洲教士都利用中国传道师去接触有可能皈依基督教的对象，了解他们内心的疑虑、化解他们的家庭问题，以促使他们投入基督教的信仰。这些传道师也会在清晨时分巡逻街道，找寻被贫困父母遗弃的婴儿。这样的婴儿通常都因为疾病或营养不良而奄奄一息，但传道师还是会把他们带回自己的教堂，立即让他们接受洗礼。这么一来，就算他们存活不了，至少也是在神的恩典当中死去。如果婴儿幸运活了下来，教会又能够找到信奉基督教的中国家庭寄养，那么他们就可以被养育成为基督徒。传道师和医院的护理人员对于弃婴也有台面下的默契：只要有婴儿性命危急，护理人员就会通知传道师，以便他们能够赶到医院，自己直接帮临死的婴儿施洗（欧洲的神父不敢进医院，因为医院里随时都有奶妈值班，消息一旦流出难免掀起轩然大波）。广州的天主教徒在 1719 年施洗了 136 名婴儿，1721 年施洗了 241 名，但天知道还有多少弃婴在无人闻问的情况下死去。[9]

广州是一座大城市——如果住处位于市郊，乘轿到市中心需要将近一个小时的时间。住在那里的欧洲人猜测该市人口数大约为一百万；见识过广州与巴黎的人，则认为广州不比巴黎小，但广州的建筑都是平房，所以很难判断。广州其实是由四座互相紧邻的城市构成。在珠江北岸，距离河畔不远，有一块高墙围绕的地区，称为"中国城"，是总督衙门所在地，也是皇帝指派的粤海关监督的驻在地点，欧洲人称呼此一监督官为"户部"。这里的街道狭窄又拥挤，小商店林立。中国城以北另有一块同样以高墙围绕的区域，自从满人在 1640 年代征服中国以来就称为"满洲城"

或"鞑靼城"。满人的卫戍部队主要驻扎于此，广东巡抚的衙门也位于这里。满洲城的街道是宽敞的铺面道路，点缀着平行搭建的牌楼，显得气势宏伟又秩序井然，正是适合当地举行科举以及祭孔典礼的各种正式建筑。

在这两块以高墙和门楼向人宣告其正式地位的飞地以西，紧接着是第三座大都市，即广州的商业与居住中心，街道均由粗石精心铺成，举目所及尽是雅致的店铺与住宅，河岸上则排列着一座座的仓库，为殷实的商贾所有。在这个地区，街道上的凉篷遮挡了酷热的夏日阳光，同时也证明了此处居住的都是追求舒适生活品位的富有人士。第四座城市则在珠江沿岸展开，散布在有如迷宫般狭小的内陆水道与河渠之间。这是赤贫百姓与蜑民的居住地。在这里，船只彼此紧挨着成排停泊，密密麻麻的桅杆衬着天空，一名法国观察者描述道："这里的街道是以船只为行道树。"

洋人居民散布于广州各个不同地区。在西部市郊，葡萄牙耶稣会士住在他们宽广的欧式教堂附近。中国城东北部住着法国耶稣会士。在这两个端点之间，则分布着其他教派的教堂与住宅，还有教廷传信部。在河流边缘，就在西部市郊与中国城的交接处，可以见到西洋商人的住所与仓库，他们称之为"工厂"。借由精明的交涉，法国人已向中国官员争取到这里的永久居住权，而且他们的基地不仅繁荣，设施也相当完善。其他国家的商人与官员——英国、荷兰与哈布斯堡王朝统治下的比利时奥斯坦德居民——则是随着季风循环与国际政治的变化而来来去去。

除了葡萄牙人利用他们自己位于广州附近的殖民地澳门之外，

其他这些国家的远洋船只都停泊在河流下游十六公里处的黄浦岛。他们的船只货物在这里登记检验，以决定课税标准，也接受"户部"的下属检查；而他们在中国采购而准备运往欧洲的货物，也是在这里搬上船只。此外，这里还有许多竹篷和席子，用于风干船帆与存放补给品，也有开放空间供生病的水手休养及运动。商人与船员要从黄浦岛前往广州，若不是搭乘他们自己的小艇，就必须向中国的船夫租用舢板。[10]

欧洲人在广州的种种活动，都离不开教廷传信部。潘如神父总是一刻不得闲，不是走访其他教堂，就是身在澳门，而他最近就花许多时间待在澳门，为教宗特使嘉乐（Carlo Mezzabarba）即将动身离去预做各项安排与准备。不过，就算是潘如神父人不在传信部，这里仍是热闹不已。

举例而言，樊守义从事了惊人的十年欧洲之旅后，去年就现身在这里。生长于山西省北部的樊守义皈依天主教之后，担任耶稣会传教士艾若瑟（Francesco Provana）的助理。后来，康熙皇帝指派艾若瑟到罗马从事一项特殊的外交任务，艾若瑟即带着樊守义同行。他们两人在葡萄牙登陆，再循陆路前往意大利。樊守义见识了奇特的城市与内陆海洋，还目睹奇迹，并且两度获得教宗接见；他又学会了拉丁文，从而成为教士。他的船只终于在澳门码头靠港之后（艾若瑟神父不幸在海上去世，但他入殓的棺木仍在船上），当地的高阶军事与民政官员随即将此一消息飞快报知皇帝。樊守义在一名武装士兵护送之下，搭船穿越内陆水道前往广州。他住在天主教神父的宿舍里，受到总督与康熙的一名特使接见，并且开始撰写回忆录，最后才奉命北上觐见皇帝。[11]

尽管樊守义的游历可能已演变成传奇，教廷传信部的看门人仍时时必须和外国人打交道。除了耶稣会士之外，还有奥古斯丁会、方济会与道明会的教士，以及教宗特使的下属。另外，更有来自港口内的法国与英国船只的商人与船员，以及法国工厂与国营贸易公司"印度公司"（Compagnie des Indes）的主管与员工。

因此胡若望的视野大开，并且开始产生一项憧憬，他将亲自前往罗马，并且谒见教宗。[12]

1721 年 10 月 6 日　星期一

广州

　　傅圣泽神父终于觉得比较有体力了。他自从 8 月 10 日以来就一直卧病在床，甚至曾数度病危。这场久病之所以更加令人担心，原因在于他今年稍早从北京动身南行，在冬季横渡长江之后，也曾经大病一场。

　　傅圣泽病体康复之后终于松了一口气，却已流失了将近两个月的珍贵写作时间。他近来对于生命的脆弱深有感触，在信件中一再提及自己已经五十七岁，却可能在自己投注一生的工作即将开花结果之际告别人世。"我现在已经五十七岁，就算只是一年的时间，或甚至只是六个月，对我来说都珍贵无比。"他写道。他的确有充分理由心怀不满，因为他的独特观点导致教派里的许多高阶人员都对他颇不谅解，而他们常常是比他年轻的人士，因此傅圣泽觉得众人都刻意阻挠他的工作。[13]

　　严格来说，傅圣泽要到 1722 年 3 月 12 日才真正年满五十七岁，但他的确已开始他人生中的第五十七年，因此这样的些微夸大算是可以谅解，毕竟他的确过了一个又长又活跃的人生。傅圣泽出生于富有人家，生长在勃艮第的小镇维孜莱（Vezelay），后来到巴黎的路易大帝（Louis-le-Grand）耶稣会学院就学，1681 年十六岁岁时成为耶稣会见习教士。在二十出头的那几年，他除了教数学之外，也负责辅导来自乡下的其他年轻寄宿学生。他在1693年被任命为教士，并且在1694年自愿前往远东地区从事传教工作，他没有指明哪个国家，但对日本、暹罗与中国的传教活动报告都深感兴趣，结果在中国传教的耶稣会士挑中了他。当时这群教士在路易十四的鼓励之下，正致力于强化法国在中国的传教活动。傅圣泽在1699年抵达厦门，在福建与江西两省服务了很长一段时间，然后才在1711年奉诏前往北京，负责翻译中国典籍《易经》。[14]

1720年11月，傅圣泽奉命立即从北京循陆路南下广州。尽管他多年来一再请求调回欧洲，以便能够全心继续他的学术工作，却没想到自己必须在这么匆促的情况下离开。[15]傅圣泽在北京的上司只给了他八天的时间打包所有的财物、书籍与笔记。他的图书收藏量极为惊人，尽管租了十六头骡子，也只载得动其中一部分，他不得不抛下一千两百本以上的书籍，里面充满了珍贵的笔记和眉批。后来，这些书籍有三箱经由水路送至广州，但送达的时间太迟，当时他已离开了中国。至于他留下的大批个人文件，则全部丢弃销毁了。[16]

教会方面表示，他之所以必须离开得这么匆促，原因是这样他才赶得上法国东印度公司的冬季船班，趁着顺风出发。傅圣泽虽然拖着病体，而且冬天的旅行条件又相当恶劣，但他还是在2月20

日就抵达了广州，当时那些法国船只都还没到达。于是，他浪费了将近一整年的时间枯等，原因是那些船只错过了季风，只能在各自的所在地等待冬天过去。[17]

傅圣泽把自己的中文书籍整理过后又重新装箱，共有十一箱。除此之外，他还利用法国东印度公司提供的经费，为巴黎的国王室图书馆在南京书市代为采购了七箱书籍。他最重视的是他自己的十一箱书籍，因为他研究的核心资料都在其中：他所诠释的中国典籍将可证明真实宗教的奥义，借此把中国的传教团从他们所陷入的错误当中拉出来。傅圣泽的那十一个箱子里共有将近四千本书，而且他还将其仔细区分为十四个基本类别。居于首要地位的就是中国所谓的五经，包括《易经》以及探讨礼、诗、史等的另外四部经典。接着，则是孔子的《论语》和中国基础教育当中的其他短篇著作，还有中国历代史、探讨道教和语言的著作、经书注本，以及哲学思辨、科学、政府、教育、礼仪等方面的书籍。用来探讨中国人偶像崇拜的佛经则居于末座，连同若干小说作品，例如讲述唐三藏到印度取经的明朝冒险小说《西游记》，还有若干天主教传教士以中文撰写的作品。光是傅圣泽亲手抄写的分类目录，就长达四十八页。[18]

傅圣泽在中国待了二十二年，他把大部分的时间都投注于证明他所获得的三项基本洞见：第一，中国古代宗教典籍，例如《易经》，都来自神圣的源头，是真神赐给中国人的；第二，在中国的神圣典籍当中，"道"字代表的正是基督徒崇拜的真神；第三，在许多中国典籍中用于指涉终极真理的哲学词语"太极"，也具有同样的神圣意义。[19]

为了向心存怀疑乃至抱持敌意的上司证明这些观点，傅圣泽必须在典籍中为自己的每一项论点找出确切证据。尽管他引用了许多部典籍，而《易经》却是当中能够找到最多证据的典籍。举例而言，中国人认为有一股神圣的力量存在于欲望与混乱之外，而活在全然的平静当中。每年春季，这股力量就会舍弃其平和的隐遁之处，而促使万物为人类而生长。傅圣泽指出，只要以正确的方式研读《易经》，即可看出这个存在体希望降临人间的欲望，以及书中对于它的千百种细微描写，乃是暗示了基督的化身。《易经》的第十三卦明确指出以马内利的降临，以及人世丧失了纯真的悲哀。第十四卦指出，人世间的敌人将在漫长的三年间反抗天主并且抗拒他的律法。第二十四卦提及耶稣，第五十九卦提到上帝的意图，让小的羊群各自走散，大的羊群则会被带回家。傅圣泽指出："这个卦象明白预言了所有民族的重新聚合，届时人类最初的状态与世界最早的喜乐都会因此恢复。所有愿意承认至高无上的天主并且臣服于他的国家，都将为一道明亮的光芒所照耀。"[20]

这就是傅圣泽所致力从事的工作，也是他的热情所在——将所有隐藏在中国古代的神圣意义明确地揭示出来。"在这一项工作中，"他写道，"一切辛劳都甜美无比，即便是最沉重的苦工，也多少变得津津有味。"

尽管如此，他的研究工作仍然极度耗时而且困难无比。傅圣泽早已花费多年的时间阅读所有早期经典，一一挑出足以引导他找出真相的线索。因为他还有其他许多工作，所以单是抄写典籍中的篇章就可能花费数天或数周的时间。在北京期间，他一度有几个中国人担任他的秘书助手，不仅帮他抄写典籍内容，也学会了摹写他的书信——包括意大利文、法文与拉丁文书信。尽管他们完全看不懂内容，还是可以将一张薄宣纸铺在他的信件上，循着他的笔迹分毫不差地画出一个个字母。不过，在 1718 年，据说因为使用这样的助手违反了他的安贫誓约，他的上司便禁止他再雇用更多的中国人。傅圣泽认为这些上司真正的用意其实是要阻挠他完成研究工作。[21]

尽管遭到这项禁令约束，傅圣泽抵达广州之后却遇到了两名上耶稣会教堂礼拜的中国信徒。这两人都颇有学问，也乐于协助他的工作，但却因为傅圣泽生病而不得不中断他们的合作。[22] 法国船只将在不久之后驶回法国，傅圣泽也将搭船离开。他有没有可能说服其中一名中国人和他同行呢？他们可以先到巴黎，再去罗马。这种做法曾有前例，他也仔细了解过。当时，有史以来曾经到过法国的两名中国人都没有返回祖国讲述他们的经历。沈福宗在 1680 年代随着柏应理神父（Philippe Couplet）前往欧洲，觐见了路易十四与詹姆士二世这两位国王，并且在牛津做了不少有用的工作，却在返国的途中死于海上。黄嘉略在 1714 年由梁弘仁主教（De Lionne）带至巴黎，娶了一名法国女子，生下一个女儿，在当地定居下来，任职于王室图书馆，结果在不久之后因病死亡，连他的妻女也一并遭殃。不过，在中国人为西方教士担任助手的例子当中，樊守义的经历比较鼓舞人心，后来艾若瑟在海上去世，樊守义也坚决保护他的尸身，不肯让自己敬爱的老师被人海葬，而是将他一路运回中国，在圣土上接受基督徒的葬礼。[23] 樊守义来到北京前去觐见皇帝的时候，傅圣泽还在北京城里。巧合的是，樊守义向皇帝报告了欧洲的地理与习俗之后几天，皇帝就下达了准许傅圣泽返回欧洲的旨意，当时身在中国的西方传教士必须获得皇帝的同意才能离开。[24]

这时候，教宗特使嘉乐与奉康熙皇帝之命前往葡萄牙从事使节任务的张安多神父（Antoine Maghalaens），都决定带着中国助手同行——傅圣泽对此知之甚详。[25]他们并没有对这点保密，虽然康熙皇帝因为顾虑国家安全而企图阻止中国人到海外去，却总是有些充满冒险精神的人士愿意前往，而且不惜代价。[26]

1721 年 12 月 13 日　星期六

广州

潘如来到傅圣泽位于耶稣会院的房间，为他传递教宗特使的口信：傅圣泽已获得正式许可，能够将他的藏书带到法国。书面同意书将后续补发。潘如在上周也才刚来过，传递教宗特使的命令，要求傅圣泽在抵达巴黎之后前往罗马。到了罗马，他必须觐见教宗，报告传教工作在中国的进展。[27]

潘如亲自前来是一项非常贴心的举动，尤其是广州的街道在近来已变得异常危险。英国船只博尼塔号（Bonitta）的货物管理员斯卡特古德（Scattergood），有一个手下在黄浦岛杀害了一名中国人，结果引发当地居民的报仇呼声。武装的的中国部队在街道上巡逻，洋人人人自危。洋人的仓库和居所都受到监视，斯卡特古德自己也躲藏了起来，这也不能怪他。上次发生类似的事件时，一名与凶杀案完全无关的英国医生就被暴民抓了起来，痛打一顿，然后被丢在被害的中国人尸身旁等死。当地的中国驻军将领已将卡多根号（Cadogan）的五名船员关进牢里，只因他们正好行经码头附近。后来，英国商人集体扬言将彻底中止贸易活动，那五名船员才获得释放。[28]

必须仔细留意中国官方在这些事务上的表现，而且他们采取的措施也可能非常强硬。三名属于教廷传信部的传教士在 1710 年以模糊不清的罪名被监禁，而且关了十一年，还未放出，从头到尾完全没有提出任何正式控诉。其中一人曾是前教宗特使的传译员，另一人是医生，第三人曾在未经许可的情况下向皇帝进献酒与药品——仅仅因为这些，他们就遭到了皇帝怀疑，而只能在牢里憔悴度日。[29]

傅圣泽不太了解当前这些骚动，因为他都待在法国耶稣会院和教堂里，借着静修为即将来临的漫长旅程预做准备。[30] 现在，船只已经确定将在1月初离港出发。

身为耶稣会教士，傅圣泽虽然住在中国城东北部的法国耶稣会院，却深深涉入教廷传信部的活动，也与直接受命于教宗的人员密切往来。他与教宗特使嘉乐的接触，以及要求他前往罗马的命令，使他更加觉得自己和其他耶稣会士在学识方面愈来愈疏远，因为他对中国典籍里的宗教意象所抱持的观点并不受他们的认同，而且他们对中国的礼仪抱持己见，不愿相信这些礼仪具有宗教性的本质。在某些情况下，这种看法使得他们比较容易说服敬拜祖先的中国读书人皈依天主教，但他们采取这种立场其实是刻意违反了教宗的禁令。戈维里神父是广州法国传教团的庶务员，因此是傅圣泽的上司，尽管傅圣泽比他年长三岁。戈维里不时会到傅圣泽的房间与他讨论这些问题，而且他们谈话的时间总是相当长。不过，傅圣泽比较喜欢潘如，他们两人自从 6 月开始建立的友谊已经愈来愈深厚。[31] 他们喜欢谈论教会里的政治运作、敌视传教活动的当地势力、教宗特使团队面临的问题，以及傅圣泽自己到欧洲之后的发展前景。

在教宗特使的许可令发布之前不久，傅圣泽写了一封冗长的信给戈维里，请求准许他把自己收藏的书本带出北京。此外，他从欧洲邮购的一些书本终于由刚刚抵达的法国船只送到了他手上，他也希望能把这些书一起带走。戈维里在所有权的问题上相当一板一眼，认为许多书籍应该属于中国耶稣会教团的财产，因为他们非常需要一座良好的研究图书馆。他也以安贫誓约告诫傅圣泽，结果傅圣泽激动地反驳道："我要带走的这些东西是商品吗？这些书本和不符合我身份的华服、财物或奢侈品难道是相同的东西吗？"傅圣泽对于自己即将踏上的漫长旅途极为执迷，一心认为自己必须在船上研读这些书本，才不至于浪费宝贵的时间。他向戈维里表示，他甚至愿意在抵达法国之后就立刻把这些书寄回中国，或者送给法国的耶稣会机构。

戈维里并不总认为傅圣泽的论点具有说服力。他答复道，中国典籍也许可轻易找到替代品，但现在才刚送到的那些昂贵的欧洲书籍呢？薄伽丘的《异教神祇的系谱》(*The Genealogy of the Pagan Gods*)、布拉赫 (Tycho Brahe) 的《天文学》、米兰多拉 (Pico della Mirandola) 与马克罗比乌斯 (Macrobius) 的著作、一本希腊字根指南，还有一套十二册的利普修斯 (Lipsius) 著作，售价二十八法郎，以及一套四册的祈祷书。此外，更有霍夫曼 (Hoffman) 一套四册的对开本辞典，售价高达惊人的一百二十二法郎。[32] 一方面，傅圣泽希望获得耶稣会的补助；另一方面，他却又想把这些书籍带走。他很难两面的好处都兼得。戈维里的想法正好相反，不但想要傅圣泽支付买书的钱，还要他把这些书留在中国。

教宗特使跳过傅圣泽的上司而准许他带走所有的书籍——至少是已经抵达广州的书籍——让他稍微松了一口气。但另一项烦恼却因此而更显迫切：他该上哪儿去找他的中国助手？广州教会那两名中国读书人对于与他同行颇感兴趣，而且他相信他们也一定是理想的选择，因为他们外表优雅又干净，也拥有必要的语言能力。他们甚至能够帮他从事翻译工作，而且不需要他花太多心思督导。如果他们其中一人能在漫长的旅程上陪伴他，他即可维系自己的中文口语能力，因为这种能力唯有每天练习才能维持水准。不过，这两名中国人却突然不再有兴趣，而且没有明确的原因。傅圣泽于是愈来愈确信是因为戈维里神父从中作梗。[33]

1721 年 12 月 22 日 星期一

广州

傅圣泽到教廷传信部拜访潘如。他要搭乘的船只预计在两周后开航，但他却还没找到中国助手。[34] 潘如人面较广，想必可帮他找到适当的人选。

这一切尤其让傅圣泽深感挫折，因为他已巧妙安排了他那十一箱书的运送方式。目前黄浦岛总共停泊了三艘法国船只：加拉蒂亚号（Galatee）、摩尔号（Maure）与孔蒂亲王号（Prince de Conti）。他仔细掌握了这三艘船只的航行路线，因为他自己前往欧洲的旅程就取决于它们的航程安排。孔蒂亲王号与摩尔号都错过了 1720 年底的季风，以致在海南岛停泊整整六个月之久，才在 1721 年 5 月抵达广州。加拉蒂亚号延迟的时间更久，不得不在交趾支那外海的昆仑岛过冬。那座岛屿不仅贫瘠荒凉，而且几无人烟，没有任何粮食来源，也没有禽兽可供猎捕，只有一群法国垦荒者和军人努力想在那里建立一座海军基地。加拉蒂亚号直到 8 月才抵达广州，船上载运了许多沮丧的垦荒移民。他们虽然在昆仑岛上盖了些小屋，终究还是只能被迫抛下那点小小的成就。广州的中国官员非常注意洋人的来去动向，也向皇帝详细汇报了这几艘法国船只的抵达消息。据说孔蒂亲王号的航行速度最快，可能会最早抵达法国，所以傅圣泽已和船长鲍格兰（M. Baugrand）洽谈过，让他和他的中国助手搭乘这艘船（如果他找得到助手的话）。以孔蒂亲王号的速度，他们应可在 5 月或 6 月抵达法国。[35]

傅圣泽行事相当小心，总是会在事前做好详尽的计划，因此他也特意结识了两名在广州金融界居于关键地位的法国人：在法国东印度公司于广州设立的法国工厂担任总管的布雷特舍先生（M. de la Bretesche），以及他的副手特维尔（Tribert de Treville）。自从 1698 年以来，中国即准许法国的工厂总管住在广州，而且因为他们愿意行正式的跪拜叩头礼，所以向来备受礼遇。布雷特舍与特维尔都来自南特（Nantes）。中国运往法国的货物在布列塔尼的路易港上岸之后，通常都在南特保税运送，因此他们两人在中国与法国都有相当丰富的人脉。[36]布雷特舍在离开法国之前，曾经接受指示而购买了一大批关于宗教、政治、科学、艺术和语言的中国书籍。这项富有远见的决定来自法国摄政王奥尔良公爵（Duc d'Orléans），资金也是由他提供。购买这些书的钱将透过北京与马尼拉的账户支付。布雷特舍之所以会认识傅圣泽，是因为他们当初曾在南京市场共同为法国国王的图书馆采购书籍。傅圣泽拟定书单，布雷特舍则派遣一名中国商人在南京买齐书单上的书。不知道是因为时间匆促还是资金不足，或是个人喜好的关系，这名商人只买了书单上的一小部分书籍，但即便如此，也整整装了七箱。[37]

　　傅圣泽与布雷特舍也经常在正式晚宴上碰面，而且傅圣泽还帮在5月中旬才抵达中国的布雷特舍列了一份与中国商人打交道所需的中法词汇对照表。为了回报傅圣泽的热心协助，布雷特舍则向他透露了法国东印度公司未来扩张计划的机密信息，包括他们打算占领澳门以南的上川岛作为海军基地。此外，布雷特舍也为弥撒提供上好的酒，甚至也提供他自家的佣仆与银制餐具让耶稣会士招待教宗特使。

　　东印度公司副总管特维尔与中国商业官员"户部"会议过后，都会到耶稣会院拜访傅圣泽，向他告知在广州因为逾越中国礼仪而衍生的种种相互控告事件，也帮他草拟要寄往欧洲的拉丁文与法文书信。孔蒂亲王号同意让傅圣泽随时把他找到的中国助手带上船，就是特维尔帮他接洽的结果，而且他还要求船上的所有船员和军官在他们的船舱里放置一箱傅圣泽的书籍，为傅圣泽省下了昂贵的货运费。[38]举例而言，傅圣泽刚收到的欧洲书本要价二百六十八法郎，运费则是三十法郎[39]；以这种超过百分之十的费率计算，十一箱书籍的运费将令人难以负担。船员帮他这个忙不过是举手之劳，因为他们放在自己的船舱里带回家的货物，占了他们航行所得的一大部分，而且平均在一趟航程上所赚取的销货利润可达他们薪资的四倍，甚至更多。[40]傅圣泽对于这样的安排非常满意，因为他的书籍不但可获得妥善保管，还可随时取用。然而，如果没有一名中国人担任他的助手，这一切成果都将毫无意义，而潘如承诺会尽力帮忙。

1721 年 12 月 31 日 星期三

广州

　　傅圣泽找到了一名能够和他一起去欧洲的中国助手。这个人名叫胡若望，是教廷传信部的看门人。

　　一个多星期以来，胡若望一直看着傅圣泽为造访潘如而进进出出传信部。傅圣泽的外表看来令人景仰，壮观的胡须垂至腰间。[41] 身上穿着闪闪发亮的长袍，是中国耶稣会教团的制服——一件白色衬衣，一件丝质罩袍，搭配腰带，还有一件黑色宽袖上衣，头上戴着圆锥形小帽，脚上蹬着布鞋，手里拿着一把扇子。[42] 他的面容相当和善，说起话来极有威严。大家都说他不久之后就要觐见教宗，而且他身上也散发着罗马的光芒。

　　胡若望听说傅圣泽已经花了好长一段时间找寻中国助手，却一直没有找到。他不敢直接向傅圣泽攀谈，而是向潘如表示自己愿意担任傅圣泽的助手。潘如认为再找个看门人不是难事，而且也知道船只不久之后就要起航，于是通知了傅圣泽。与胡若望面谈之前，傅圣泽先向潘如询问这个人看起来是否可靠，而且是否具备识字能力。潘如说胡若望在担任看门人的三个月期间不曾惹过麻烦，并且拿了他抄写的一份文件给傅圣泽看。胡若望的笔迹虽然不太优美，但应该够用了。

　　于是，傅圣泽找了胡若望来面谈。[43] 面谈时间很短，因为傅圣泽实在非常忙碌。他对于胡若望在这个时刻毛遂自荐深感欣喜，所以根本没有想到要仔细检验他的语文能力。胡若望肌肤黝黑，傅圣泽觉得他相貌丑陋，看起来不太干净，而且又一副落寞绝望的模样，仿佛以前曾经过着较为富裕的生活，后来却穷困潦倒。[44] 不过，他毕竟是个人手，而且想要踏上这趟冒险之旅。他们商谈彼此要求的条件，然后达成了协议。"如果不是这个中国人，就没有别人了。"傅圣泽后来写道。

他们两人拟了一份书面合约，然后各自签名。胡若望将担任五年的抄写员，期满之后，傅圣泽将送他回国。胡若望的基本年薪为白银二十两，并由傅圣泽负担他的饮食所需（但不包括其他支出）、前往欧洲的旅费，以及旅程上的附带开支。这些款项的支付前提是：胡若望必须依照傅圣泽的指示抄写孔蒂亲王号上的四千本书中的任何一本。胡若望要求预支十两半，以应他自己与家人所需，傅圣泽也同意了这项要求。胡若望的兄弟将负责照顾他们的母亲，潘如神父则会在传信部的教堂为胡若望的儿子盖斯帕找份工作。[45]

傅圣泽在镇上为胡若望买了几套崭新的中国服装，还有一些他在船上会用到的个人用品，以及市面上最高级的床罩——外层为锦缎，里面填充棉花，价钱相当于十五斯库多（译注：scudo，意大利银币单位）。傅圣泽把一份合约抄本交给胡若望保存，但胡若望不肯接受。他何必要自己保存一份呢？他说。他完全信任傅圣泽神父，由神父代他保管就可以了。[46]

胡若望确信一定能够见到教宗，傅圣泽对这点有些保留，但没有完全排除这项可能性。他说他们一旦抵达罗马，他就会帮胡若望找一份"体面的职业"。他认为自己一定能够实现这项承诺，因为这是教宗特使嘉乐在离开之前对他开的空白支票，甚至还白纸黑字写了下来。[47] 胡若望也认为自己将来能把游历见闻写成书，回国之后即可因此成名。毫无疑问，他将到访奇特的地方，干了不起的事。傅圣泽在这一点上没有表示异议。[48]

他们的准备工作尽可能秘密进行，因为戈维里神父已明确表示他反对傅圣泽神父携带中国助手同行。他反对的原因除了耶稣会士的安贫誓约，以及傅圣泽对宗教的观点过于古怪实在不该再予以鼓励之外，还包括他认为相当重要的法律因素。近年来，广州发生了数起中国人因为欧洲人造成的意外而死亡的案子。每一件案子发生后，中国官方都不断骚扰欧洲商人与教会人士的小团体，直到他们付出大笔赔偿为止。不久之前的斯卡特古德案就是一个鲜明的例子。如果有个中国人陪伴傅圣泽同行，结果又死在欧洲，就可能导致危险的后果。[49] 教会的地位已经岌岌可危了。"我了解这种中国人，"戈维里说，"而且我更了解广州人。"戈维里的论点颇具可信度，因为他已在中国待了二十年，过去十三年来都住在广州。[50] 不过，傅圣泽在中国已经待了二十二年，而且个性又极为顽强。

1722 年 1 月 5 日　星期一

广州，黄浦岛停泊处

傅圣泽与胡若望已搭上了孔蒂亲王号，这艘商船重四百五十吨，船员共有七十人，船上有三十门炮，由鲍格兰船长指挥。[51] 船已升帆，锚已拉起，他们正逐渐驶离黄浦岛，航向大海。

胡若望能在船上实在相当幸运。昨天，有人向戈维里神父透露傅圣泽已找到了中国助手，于是戈维里企图利用自己身为傅圣泽上司的影响力阻止胡若望出海。他找上东印度公司的布雷特舍与特维尔这两名总管人员，要求他们禁止那三艘法国船只搭载中国人。不过，特维尔却反倒匆匆写下一张短笺，告知傅圣泽这项消息："计划被发现了。布雷特舍先生刚给我看了一封戈维里神父写的信，说他刚得知你要带一个中国人同行。他要求布雷特舍先生阻止你这么做，因为他已代表他们两人向中方官员许下承诺，所以此举将会使他与布雷特舍先生都非常难堪。请你按照自己的判断行事，我一定鼎力帮忙。"[52]

布雷特舍没有把戈维里的要求转达给那三艘船只的船长，傅圣泽于是安排一名船员私下把胡若望带上船，自己再以较为公开的方式登船，先在法国工厂过一夜，再从那里前往码头，并且随身带着所有的个人财物：包括他随时需要参阅而必须放在自己船舱里的中国与欧洲书籍、辞典、毛笔、几套中国服、法衣、内衣、无边帽，还有他收藏的若干宗教勋章。[53]

　　三艘法国船只准备起航，船上弥漫着兴奋的情绪。每一艘船都满载货物，包括茶叶、丝绸及其他精致布料、镶花橱柜与中国商人专为外销而设计的瓷器。在南特的公开市场上，这些货物的总值估计可达一千万法郎。如果旅途平安顺利，再加上他们预支购买货物的钱若能借着买卖金银的价差而赚取一笔投资收入，这么一趟旅程即可带来庞大利润。巴黎的金融家目前正在重整东印度公司的财务组织，完成之后预计又可促使利润更加高升。[54]

　　孔蒂亲王号上的船员，对于傅圣泽那十一箱中国书籍占用他们的船舱空间似乎都不以为意，仍然热切欢迎蓄着长须并且身穿教士袍的傅圣泽神父上船。他心怀感激地把他们的姓名都记录在他的日志里，列在船长鲍格兰名字后面的是：大副圭勒巴特（Guillebart）、海军上尉莫特（Motte）与巴尔别德（Balbeder）、杜凡迪（Duvandie）和莫太·波西诺（Mottay Bossinon）以及海军少尉。船员们对傅圣泽的中国助手同样表示欢迎。胡若望穿着一身整洁的新衣而显得精神奕奕，脑后绑着一根闪闪发亮的黑色发辫，还带着一席昂贵的锦缎床罩，可让他在海上的冬夜保持温暖。

注释

1 潘如神父雇用胡若望是在胡若望与傅圣泽初次会面（1721 年 12 月 31 日）的三个月前，见 RF 384-385。

2 关于教廷传信部的功能与结构对中国传教团造成的影响，见魏若望（Witek），pp. 15-22。关于 1704 年在广州的各派教堂与传教士，见洪若翰（Jean de Fontaney），1704 年 1 月 15 日信件，第 324 页。傅圣泽在 1721 年指出，共有八位天主教神父住在广州市——两位耶稣会士、两位方济会士、一位奥古斯丁会士、一位道明会士、一位在教廷传信部，还有一位 "D. D. Gallorum"。在广东省其他地方，他计算还有十八位。详见 Foucquet，"Catalogus Omnium Missionariorum," p. 69。

3 关于胡若望的年龄，见 RF 529。关于胡若望的母亲与儿子盖斯帕，见 RF 551, 565。胡若望的妻子在许久以前已经过世一事，可见于傅圣泽在 1725 年 1 月 2 日写给戈维里的信件，见 BAV, Borg Cin, 467, p.155。在同一封信里，傅圣泽提到胡若望的儿子盖斯帕已长大成人。关于胡若望与母亲、兄弟及儿子住在一起一事，见傅圣泽的脚注，RF 538。

4 胡若望的籍贯为江西，见胡若望的信，BAV, Borg Cin, 511, no. 5, line 24。

5 胡若望的读写能力可由他留下的唯一一封信件来判断，也就是他在 1725 年 10 月以中文写给傅圣泽的那封信，见 BAV, Borg Cin, 511, item 5。而关于他从不曾通过任何考试，傅圣泽 1722 年 9 月 9 日在路易港写给比尼昂的信中曾明确提到这一点："Le Chinois qui a passé avec moi n'est pas un letter du premier ordre, il n'est pas mesme gradué. Mais il écrit et il a lu toute sa vie."（和我一同来到法国的中国人不是最高级的文人，甚至连功名都没有；但他懂得书写，也看了一辈子的书）。见 BAV, Borg Lat, 565, p.130 v。

6 关于 1721 年 8 月 10 日的信件，因为送信者弄错了两个发音同为"Wang"的不同姓氏，以致送错对象而导致严重后果，见 BAV, Borg Lat, 565, p. 103 v。

7 庞嘉宾原名或写为 "Kaspar"，或写为 "Gaspar"；姓氏或写为 "Castner"，或写为 "Kastner"。在 1700 至 1701 年间曾于佛山讲道，见 Pfister no. 220，荣振华（Dehergne）no.157。利国安在 1700 年间也曾在佛山讲道，见 Pfister no. 221，荣振华 no. 451。沙守信神父（Chavagnac）在 1701 年写及庞嘉宾在佛山的传道工作："J'y trouvai un très grand nombre de fervens Chrétiens, et ce Père devait, quelques jours après mon départ, baptiser trois cens Catéchumènes dans les Villages circonvoisins qui sont de son ressort"（我发现了许多虔诚的基督徒，而且神父在我离开几天后，即在辖区内的邻近村庄为三百名新进信徒施洗）——沙守信，第 72 页。胡若望皈依基督教的时间仅有间接证据，但由于胡若望正来自这个区域，因此这项巧合实在令人难以忽略。

8 胡若望的确是传道师，而且是在教廷传信部的教堂里。傅圣泽在"真实叙述"里虽然没有提到这一点，却可见于他在 1725 年 11 月 15 日写给戈维里的信，第 180—181 页。潘如在 1727 年 1 月 10 日的信件中证实了这一点，BAV, Borg Cin, 467, p. 127。

9 关于广州传道师的活动，见洪若翰，1704 年 1 月 15 日信件，第 322—323 页，其中提及他们共同保守的机密；夏克，1722 年 11 月 1 日信件，第 191—192 页，谈及清晨巡逻街道的活动；宋君荣（引用张貌理神父 [Baudory]），《耶稣会士书简集》(Gaubil, *Lettres Edifiantes*) 收录的 1722 年 11 月 4 日信件，第 202—207 页；以及宋君荣，ed. Simon，第 29—32 页，其中谈及医院与洗礼程序，以及 1719 与 1721 年的受洗人数。

10 对于广州的这段描述，来自两段记述该座城市在 1722 与 1723 年间貌相的文字——夏克，第 186—188 页；以及宋君荣，第 40—42 页（这封信的日期标错了，应是 1723 年，而不是 1722 年）。另见宋君荣，第 494 页，Planche II 之后所附的地图。关于黄浦岛，Dermigny, *La Chine*, I, 286。其他地图收录于 Morse, II, 1 及 320。

11 樊守义返回中国的过程，以及广州地区官员向康熙皇帝通报这项消息的情形，可见于《康熙汉文奏折》VIII，701-702。总督指出，樊守义正"亲手撰写他在西洋的见闻"，同前，711。这份游记，完成于 1721 年，标题为《身见录》。见樊守义：《身见录》，方豪抄写，第 856 页。这份游记另有一篇简略版，收录于 Rosso, pp. 332-334。

12 RF 385。

13 关于傅圣泽在 8 月 10 日至 10 月 6 日期间罹患重病以致无法写作，见他日记中的记载，1721 年 10 月 6 日，BAV, Borg Lat, 565, p.104 r。关于他一度病危，见于他写给戈维里的信，罗马，1724 年 12 月 7 日，BAV, Borg Cin, 467, p.141。根据这些线索，他在前往罗马途中写给嘉乐的关键信件虽然日期标注为 1721 年 10 月 4 日，实际上也许写于 10 月 9 日，魏若望，第 376 页。在 BAV, Borg Lat, 565, p.104 v，傅圣泽记录了他与 La Chine Ciru 的谈话，其中提到他收到了教宗特使针对他 9 日的信件所回复的来信。出处同前，第 117 v 页，傅圣泽在 1722 年 5 月 30 日写给 Menezes 的信件里，谈到了他在赴广州途中曾在江西生了一场重病。关于他的患病地点，我认为他写的是"Chiuchiang"（九江），但由于字迹过于模糊，所以也有可能是"Chinchiang"。关于他认为自己年岁已高，而对自己的工作更感迫切，见写给赫苍璧（Hervieu）的信件，第 184 v 页；"已五十七岁"应是"在人生中的第五十七年"。傅圣泽出生于 1665 年 3 月 12 日，见魏若望，第 75 页。

14 傅圣泽生平资料，魏若望，第 80—81、169 页。

15 匆促离开北京一事，见魏若望，第 242—243 页；及 BL, Add MSS 26816, p. 144 v。

16 关于私人文件遭到销毁一事，见 BAV, Borg Cin 467, pp.183-184，殷弘绪 (Dentrecolles) 与白晋所写的信件。关于遗留下来的一千两百本中国书籍，加上其他未指明数量的欧洲书籍，见 BAV, Borg Cin 467, pp.164-165。1732 年，傅圣泽向访客 Joseph Spence 提及自己"因匆忙离开而丧失了将近半数的藏书"——Spence, ed. Osborn, *Observations*, II (no. 1411) 524。

17 2 月 20 日抵达广州，见 BAV, Borg Lat, 565, p.117 v。船只航行状况，见 BAV, Borg Lat, 565, p.117 v。

18 书单，见 BL, Add MSS 20, 583A；另见 Omont, pp.810-811。

19 傅圣泽的学说概要，魏若望，第 207 页。基于傅圣泽于 1719 年 10 月 26 日写给
    Guibert 的信，另见魏若望，第 155 页。

20 傅圣泽写给赫苍璧的信，见 BL, Add MSS 26816，广州，1721 年 6 月 1 日，第
    151—186 页。(他在第 186 页注记指出这封信并未寄出，原因是 "les dispositions
    dans lesquelles se trouvait alors le P. Hervieu"（赫苍璧当时的状况）。第十三卦，"同
    人"，同前，第 166 v 页。第十四卦，"大有"，第 170 页。第二十四与五十九卦，"复"
    与 "涣"，第 171 页。"所有民族的重新聚合"，第 172 页。"辛劳……甜美无比"，
    第 174 页。关于这种被称为 "索隐派" 的观点，见魏若望：《耶稣会士傅圣泽神父
    传：索隐派思想在中国及欧洲》(Controversial Ideas) 与孟德卫（Mungello）：《奇
    异的国度：耶稣会适应政策及汉学的起源》(Curious Land)。

21 傅圣泽的抄写员及秘书，见魏若望，第 209—210 页。关于汤尚贤（Tartre）在
    1718 年禁止雇用助手，见魏若望，第 236 页；魏若望列出傅圣泽的书信当中，提
    及许多这类由秘书抄写的副本。特别明确的例子可见于 906 页的精装本傅圣泽私
    人信件暨礼仪论述草稿，其中附有优美的中文书法，BAV, Borg Lat, 566。

22 关于两名中国学者协助傅圣泽工作一事，见 RF 384；关于他们前来耶稣会教堂的
    额外细节，见 BAV, Borg Cin, 467, p.154（傅圣泽写给戈维里的信，1725 年 1 月 2 日）
    以及第 BAV, Borg Cin, 467, p.180（傅圣泽写给戈维里的信，1725 年 11 月 15 日）。

23 荣振华与方豪曾探讨早期赴欧洲的中国人。关于沈福宗事迹，见 Theodore Foss,
    "European Sojourn"；Thomas Hyde, ed. Gregory Sharpe, II, 516-520。关于黄嘉略事
    迹，见 Elisseeff-Poisle, Fréret, pp.41-50; Knud Lundbaek, T. S. Bayer, pp.87-88。关于
    黄嘉略，有一项基于熟知第一手资料而从事的想象分析，见 Elisseeff, Moi Arcade。
    樊守义写了《身见录》阐述其欧洲之旅。他带着艾若瑟的遗体一抵达澳门，立刻
    就有人将消息报知康熙——见《康熙汉文奏折》，VIII, 701。樊守义的游记另有一
    篇较为简短的版本，收录在他的文件里，翻印于 Rosso, pp.332-334。

24 关于樊守义前往北京与满洲，见魏若望，第 240—242 页及注 226、230。傅圣泽在
    1725 年 1 月 2 日写给戈维里的信中提到艾若瑟与梁弘仁，还有洪若翰、嘉乐、张安多，
    一位 "伯纳先生"（M. Bernard）与马国贤（Ripa），BAV, Borg Cin, 467, p.157。

25 魏若望，p.244, n.237，描述了 5 月 18 日在广州的一场晚宴，傅圣泽、嘉乐与张安
    多都在场。若能知道他们在席间是否谈论了中国人助手究竟有没有帮助，一定很
    有趣。Sostegno Viani 在 Istoria 里完整记述了教廷派遣此次使节的事件。

26 在这个时期，中国旅外移民一旦返回中国，官员都会向康熙翔实报告。见《康熙
    汉文奏折》，VIII, 828，在 315 有一份 1721 年的报告，就提及了返国的移民。

27 潘如在 12 月 4 日与 13 日探访傅圣泽的记载可见于 BAV, Borg Lat, 565, p.107 r。关
    于潘如曾与嘉乐同在澳门，见 BAV, Borg Lat, 565, p.106 v。

28 斯卡特古德是博尼塔号的贸易首长，又称 "货物管理员"。关于这起事件，见 Morse, I,
    168-169。1689 年那起血腥的前例可见 Morse, I, 82-84。

29 遭到监禁的三人分别为毕天祥（Appiani）、Borghese 与 Guignes。见 Rosso, pp.187-

188，魏若望，p.271, n. 54。

30 关于傅圣泽静修一事，见 BAV, Borg Lat, 565, p.98 r（5 月 29 日）。

31 傅圣泽与潘如的友谊似乎始自 6 月下旬，见 BAV, Borg Lat, 565, p.99 v。

32 傅圣泽在 1721 年 8 月 4 日写了一封长信给戈维里，提及中国典籍和他自己的书。见 BL, Add MSS 26816, pp.144-150。书名与价钱列于傅圣泽与戈维里在 1724 年 11 月 22 日与 1725 年 1 月 2 日的信件中，见 BAV, Borg Cin, 467, pp. 150-153; 153-165。两人都提及 1721 年在广州的讨论。关于戈维里的生平资料，可见于 Pfister no. 258 与荣振华 no. 382。

33 傅圣泽曾在盛怒之下指称戈维里阻挠那两名学者随他同行，见 BAV, Borg Cin, 467, p.154，在 1725 年 1 月 2 日写给戈维里的信件开头。

34 船只于 12 月 22 日的开航日期与拜访潘如一事，见 RF, p384, "douze ou quinze jour savant que les vaisseaux misent à la voile"（船只再过十二或十五天就要起航），1722 年 1 月 5 日。

35 关于三艘船只的所在位置与孔蒂亲王号的速度，见 BAV, Borg Lat, 565, p.117 v-118 r。希望在 5 月或 6 月抵达法国，BAV, Borg Lat, 565, p.126 r，写给奥瑞神父的信件，1722 年 8 月 27 日。关于中国人对往来船只的密切监督一事，见《康熙汉文奏折》，VIII, 766，康熙六十年四月十六日（1721 年 5 月 11 日），以及 822，康熙六十年闰六月十六日（1721 年 8 月 8 日），其中可能把一艘英国船只与一艘法国船只搞混了。

36 关于法国人在中国受到礼遇一事，见 Dermigny, I, 356。下引 BAV 档案的参考资料并未证实 Dermigny 声称法国人的特权在 1720 至 1724 年间曾遭到"废除"的说法。关于英国，见 Morse, I, 252；关于他们来自南特一事，见 Dermigny, 1, 361。

37 关于布雷特舍的购书活动，BL, Add MSS 26816，傅圣泽于 1721 年 6 月 1 日写给赫苍壁的信，p.182 v-183 v。另见 Omont, p.810，傅圣泽写给比尼昂的信。

38 关于布雷特舍与特维尔，关键的参考资料都在 BAV, Borg Lat, 565。第 96 页提及布雷特舍的抵达（搭乘摩尔号或孔蒂亲王号）与银两；第 100 r 页列出了翻译的中文词汇；第 101 r 页提及晚宴；第 106 v 页提及弥撒的酒以及对于上川岛的谈论。特维尔与户部及傅圣泽联络，见第 106 r 页；书籍放在船舱里以及傅圣泽对这些书的需要，第 102 r 页。

39 书籍货运费用可见于 BAV, Borg Cin, 467, p. 152。书籍成本为两百六十八法郎（[livre 利弗尔]）十三苏，运费则将整体成本推升至"三百利弗尔以上"，亦即运费共计三十一法郎以上。

40 船员在船舱里装载货物的利润，Dermigny, I, 234。

41 傅圣泽在 1725 年抵达罗马之后，争取到了保有胡须的权利，而 De Brosses 在 1739 年看到他的时候，他的胡须也还是相当壮观（魏若望，pp. 315-316; n.160）。

42 广州法国耶稣会士的服装细节——截至 1722 年 11 月——可见于夏克神父在 1722 年 11 月 1 日写给 Abbé Raphaelis 的信件里。

43 RF 384-385 提及雇用胡若望的关键补充资料见于 BAV, Borg Lat, 565，傅圣泽在

1722 年 10 月 3 日写给教廷大使马塞伊的信，第 114 r 页。其中详细记述了"出发前五六天"的面谈，出发日期为 1722 年 1 月 5 日。

44 RF 541 可见到傅圣泽描述胡若望萎靡不振的容貌与肮脏的外表。RF 535 可见到傅圣泽指称胡若望"bazane"，亦即皮肤黝黑。傅圣泽在 RF 档案里一再提及胡若望外貌的丑陋。傅圣泽在之前十年所相处的都是身材比较苗条，肤色也比较白皙的中国北方人。

45 Fioravanti 神父向傅圣泽保证盖斯帕将受雇于潘如，BAV, Borg Cin, 467, p.155，傅圣泽于 1725 年 1 月 2 日写给戈维里的信。

46 合约与傅圣泽为胡若望购买的物品，RF 385；锦缎床罩见 BAV, Borg Cin, 467, p.178。胡若望拒绝持有合约副本一事，经过了戈维里的证实，BAV, Borg Cin, 467, pp.167-168。合约的拟定与饮食补助可见于 RF 559，傅圣泽在 1730 年写给马塞伊的信。

47 傅圣泽谈及嘉乐的承诺，BAV, Borg Lat, 565, p.143 v。

48 BAV, Borg Lat, 565, p.144 r，傅圣泽不晓得为什么否认他曾承诺带胡若望去罗马，但倒是提及胡若望的"期盼与渴望"。BAV, Borg Cin, 467, Pt. II, pp.117-119，许可信件为傅圣泽的附件 A 与 B，在这段记述末尾，傅圣泽提及胡若望希望在回国后撰写游记并借此成名，RF 552。

49 戈维里在法律方面的论点可见于 BAV, Borg Cin, 467, p.151，在他于 1724 年 11 月 22 日写给傅圣泽的信件里，提及戈维里离开中国之前发生的案例。

50 戈维里待在中国的时间，Pfister no. 258。

51 孔蒂亲王号的船员人数记载于 RF 388，火炮数记载于 BL, Add MSS 26817, p.233；船只大小的估计，记载于 Dermigny, I, 203-207, 521 的表格与讨论之后。

52 特维尔的信翻印于 RF 386 以及 BAV, Borg Cin, 467, p.185，是该份"真实叙述"抄本的附录三的最后一封信。鉴于傅圣泽的出发日期为 1 月 5 日，这封信的日期也许应该是 1 月 4 日。

53 傅圣泽对自己的个人财物详列于 AV, Borg Lat, 565, p.157 v。

54 船运货物资讯：《信使报》(Le Mercure)，1722 年 7 月，第 174、204 页，内容提及加拉蒂亚号与摩尔号的载运物品。贩卖货物的利润，见 Dermigny, I, 420-421。John Law 对印度公司的改组，见 Dermigny, I, 155-156 与注释；Buffet, pp.245-253, 261-263。

第三章　海上之旅

1722 年 1 月 13 日 星期二

广州，珠江河口湾

　　人们现在都在原地未动。这八天以来都没有风，三艘船只顺着珠江三角洲的混浊水流向下游漂行了几英里而已，沿途背景则是一片贫瘠的山丘。[1]

　　傅圣泽正在写信给戈维里和潘如，并且根据草稿把已经寄出的信件抄成抄本收藏在档案与日志当中。他和胡若望还没拟定未来几个月的工作计划，但胡若望已经在他的指导下花费了几个小时抄写中国书籍。[2]

　　孔蒂亲王号上的生活虽然单调，却颇为舒适。至少他们不必躺在夏季炎热的太阳下。傅圣泽和船员相处得非常好，而且法国人全都一起用餐，但他们没有邀请胡若望加入他们的行列。他被安排和一群仆役同桌，包括鲍格兰船长的管家与船上军官的佣人。[3]就经济地位而言，这样的安排确实非常恰当，因为胡若望的二十两年薪相当于每月八法郎，甚至比印度公司普通水手的薪资还低，其中年纪最轻的水手也至少能够拿到九法郎，老水手的月薪则有十五至十八法郎。[4]不过，如果胡若望是以学者的身份搭船，那么他也许应该和傅圣泽及船员们共桌，因为他们一起用餐的人员通常也包含书记与牧师。尽管他们的薪水远比胡若望高——书记的月薪高达五十法郎，牧师为三十法郎——他们的工作却不比他尊贵。毕竟，他乃是为了抄写珍贵中国典籍而特别挑选的抄写员。

　　胡若望还没学会任何法语，而与他一起用餐的同伴也不会说中国话。那些法国人对于胡若望显然对欧式餐点的上菜方式毫无概念而窃窃私语，他只要看到餐点端上桌，就直接拿取自己想吃的东西。他们试图向他说明每个人只能食用自己的那一份，但这项概念很难传达，胡若望食用的还是一再超出他们认为他应得的份量。有时候，他们只得强制他少吃一点。

1722年1月21日　星期三

交趾支那外海

　　昆仑岛就在前方不远处。海上终于在1月13日开始起风，于是三艘船只在15日航经澳门。自此之后，他们即可随着来自东北方的季风一路顺畅航行。[5]

　　傅圣泽觉得精神充沛，航程终于展开的感觉真好。这才是"最愉快的航行体验"，他在日志中写道。

　　胡若望没有和船长的管家或其他人一起用餐，也没有从事任何抄写工作。他严重晕船，而且不适的症状毫无缓解的迹象。[6]

1722 年 1 月 24 日　星期六

昆仑岛

他们的停泊地点一片荒凉，但对于晕船晕得那么严重的胡若望而言，靠岸必然就是一件值得欣慰的事情了。岛上有两位法国耶稣会士，一位是来自里昂的雅嘉禄（Jean-Baptiste Jacques），另一位是来自图卢兹的宋君荣（Antoine Gaubil）。他们两人都想到中国去，却随着他们搭乘的船只达尼号（Danae）被困在这里，至今已有四个月之久。而法国人打算在这里建立的小型殖民地，也终于确认不可行。雅克认为昆仑岛是个"可怕的居住地"，宋君荣则称之为"全世界最糟糕的一个地方"。[7]

这座岛屿潮湿、多山，生活环境又不健康。港口虽然看似优美怡人，水中却满是蛀虫，足以损坏小船的木板；而且入港的水道也非常危险，不但充斥着岩礁，汹涌的潮水里也满是鲨鱼；空中到处都是昆虫，各种疾病也大为盛行；森林里满是猴子和古怪的飞蜥，却没有可供食用的飞禽走兽，只能靠着捕鱼来生存。

岛上的数百名当地居民并不友善，而且他们因为没有种植任何粮食，所以经常往返于昆仑岛与交趾支那之间。英国人在二十年前曾在这里设有一座贸易基地，当地居民和英国人从其他岛屿找来担任驻军的士兵，士兵反而串通一气谋害许多移民，其他人于是决定弃岛而去。法国人的遭遇也好不到哪里。达尼号的人员上岸之后，有些人即遭到绑架，经过一番折腾之后总算才救了出来。[8]

对于驻扎在这里的法国士兵和德国佣兵（还有其中部分人员带来的家眷）而言，这里的生活实在有如梦魇。他们只能住在临时搭建的简陋小屋里躲避滂沱大雨，也只能设法说服当地居民卖些食物给他们，或是帮他们捕鱼。他们已经挨饿了好几个星期，看到加拉蒂亚号运来的面粉、啤酒和肉类都纷纷疯抢雀跃不已。[9]

傅圣泽与宋君荣及雅嘉禄谈论了天文学与中国，还有教宗特使嘉乐的访问之旅。他们从法国带了一些要给傅圣泽的信件，于是趁这个机会交给了他；而他也同意把他们写的信件带到法国。[10] 雅嘉禄的身体状况相当糟，视力更是出了严重问题，他们的谈话逐渐停顿下来，而胡若望没有加入他们的谈话。

鲍格兰船长与加拉蒂亚号及摩尔号的船长，一同和国王指派建立这座小殖民地的两名军官谈论这里的前途。他们一致认为昆仑岛不是设置基地的可行地点，并且决定和英国人一样放弃这座岛屿。

尽管这么做必须把更多人塞进原本就已相当拥挤的船只，殖民地的军官、士兵和少数家眷还是上了船。[11] 达尼号及其船员，还有雅嘉禄与宋君荣，必须等到 6 月季风转向之后，才能完成他们前往中国的旅途。至于其他船只，则是继续前往法国的航程。

不过，他们必须先到爪哇的荷兰属地去赚些钱。那里的机会听起来极为诱人，不去看看实在太可惜了，谣言盛传那里有庞大的利润等待着他们。自从 1718 年以来，康熙皇帝为了报复荷兰商人企图压制中国茶叶价格的举动，下令禁止荷兰与中国之间的贸易活动，法国船只自然可以好好利用此一机会牟利。[12]

1722 年 3 月 5 日　星期四

印度洋上

　　孔蒂亲王号必须独自返回法国。加拉蒂亚号与摩尔号都已不见踪影。问题发生在爪哇。2 月，三艘船只一起驶进看起来充满希望的海湾，可是他们一定走错了地方，因为那里根本找不到人交易，甚至也没有补给品可供他们添补，只有一些从其他村庄逃到这里的逃犯，以及被原本居民遗弃的小屋。

　　他们起锚准备离开，由加拉蒂亚号与摩尔号领头，孔蒂亲王号紧跟在后。就在前两艘船只绕过海湾的岬角之际，湾里的风却突然停了，那两艘船在强风的吹拂下不断加速前进，孔蒂亲王号上的人员却只能看着他们逐渐远去，自己却反倒被水流带回湾里。鲍格兰船长只好下锚，以免船只撞上岩石。接下来一整天，船上的水手试图借着扯动锚而朝向海湾的出口移动。[13] 这样的努力仍是徒劳，他们只得在海湾里待上一夜。第二天一早，他们在海风的吹拂下顺利驶离海湾，但另外两艘船只早已不见踪影了。

　　胡若望还是持续晕船。傅圣泽从没见过有人晕船晕得这么严重，而且时间持续得这么久。[14]

1722 年 3 月下旬

接近好望角

胡若望和一名法国水手打了一架。那个水手确实打了胡若望，但胡若望有没有还手则不太清楚。他们之所以出手斗殴，原因是两人不晓得为何起了争执，结果那名水手认为胡若望辱骂了他。[15] 胡若望也许确实骂人了，因为自从他的身体状况在 3 月中逐渐康复之后，他就一再批评船上的士兵和水手言行吵闹粗鲁。[16]

那场斗殴似乎使他陷入了忧郁。此外，一名船员因为犯了过错而在舰桥上遭到公开鞭笞惩罚，胡若望也和其他人一同围观了行刑过程，结果又因此变得更加沉默。[17] 他似乎认为同样的遭遇也可能发生在他身上。

1722 年 3 月 30 日　星期一

绕过好望角

　　强风迫使孔蒂亲王号以极快的速度前进，一天可航行一百至一百五十海里，但位置却远在好望角的南方。海流与强风共同把他们带上了这条偏差的航线，以致他们根本没有机会在好望角靠岸补充淡水及其他用品。[18]

　　海水波涛汹涌，强风又吹折了一根桅杆。[19] 他们似乎位于南纬 36 度，而且还不断往南航行。他们必须接近非洲沿岸，才能绕过好望角并且迎上往北的海流，尤其是他们如果想到圣赫勒拿岛（St. Helena）靠岸补充补给品的话。

1722 年 4 月中旬

南大西洋

孔蒂亲王号完全错过了圣赫勒拿岛。他们也许是在夜里航经了那座岛屿，傅圣泽写道，不然就是他们的航行位置太过偏南，根本没有经过那里。

船上的淡水几乎用罄，粮食存量也所剩不多。许多士兵和船员都罹患了坏血病，而且疾病扩散的速度非常快。

鲍格兰船长不确定接下来该怎么办，于是召集了所有高级船员开会。[20] 经过一番争辩之后，他们决定航向巴西圣萨尔瓦多的万圣湾（Bay of All Saints）。就主要的风向与海流方向来看，那里是可行的停泊地点当中最近的一个。以目前的状况而言，他们如果不设法靠岸，恐怕没机会活着抵达欧洲。

1722 年 5 月 9 日　星期六
巴西万圣湾

一颗炮弹击毁了孔蒂亲王号的索具。鲍格兰船长下令推出大炮回击。在一片烟雾和喧闹当中，实在很难判断目前的状况。他们正遭到一艘海盗船的攻击，对方试图阻挡他们驶入通往万圣湾的航道，想要把他们逼回外海，以便打得他们无法前进，再登船劫掠船上的财物。

那天午后不久，两艘船只刚发现对方的时候，曾经试图沟通以避免流血。对方船只悬挂着葡萄牙的旗帜，孔蒂亲王号则是挂着法国旗帜，船员曾试图和对方打招呼。不过，孔蒂亲王号上没有人精通葡萄牙语，听不懂敌人说些什么，而另一艘船上的人员显然也不懂法语。

孔蒂亲王号不论人数或火力都屈居劣势。如果对方真的登船，鲍格兰船长手下只有不到七十人能够作战，而且孔蒂亲王号上也只有不到三十门炮。那艘葡萄牙船有五十六门炮，而且船上似乎有数百名武装人员。不过，鲍格兰和他的船员还是决定打到底，他们要是投降，一定会失去一切。[21]

天色逐渐暗了下来，而且下起大雨，还冒起阵阵浓雾，敌船的身影忽隐忽现。鲍格兰船长下令把所有武器都搬到上甲板，好让船员与水手准备驱退登船的敌人。胡若望看到众人拿取武器，因此也拾起了一把弯刀。他以凶猛的姿态挥舞了几下弯刀，然后在上甲板昂首阔步，身形虽小，在薄暮当中却是杀气腾腾。[22]

雾气突然裂开一道空隙，鲍格兰船长发现通往万圣湾的航道通畅无阻。他把船只掉头，加速驶向港口，避过左舷的伊塔帕里卡岛（Island of Itaparica）沿岸的危险礁石，终于驶入受到圣萨尔瓦多城的大炮保护的停泊处。[23] 但令他们吃惊的是，那艘海盗船竟然跟了过来，并且在不远处下锚泊船。

他们上岸之后交换讯息，才终于解开了谜团。那艘海盗船根本不是海盗船，而是葡萄牙总督的海岸巡逻舰，正在执行保护港口的任务。由于外国商船总是在 10 月至 4 月之间为了前往西印度群岛而航经巴西水域，却从来不曾在 5 月出现，因此葡萄牙巡逻舰的船长反倒以为孔蒂亲王号才是私掠船。[24]

1722 年 5 月 20 日 星期三

巴西万圣湾

　　孔蒂亲王号停泊在万圣湾里。在狭长的海滩与少数几间散布于码头周围的建筑物和仓库后面，一道峭壁高耸天际。沿着峭壁边缘，可以见到雄伟的圣萨尔瓦多城里整齐排列的高塔与尖顶。这里不仅是总督府所在地，也是葡属巴西的首都。这座城市的位置相当高，所以还特地建造了三部巨型绞盘，以便从底下的码头吊起居民所需的货品。[25]

　　此时巴西正值初冬，但圣萨尔瓦多市周围的田野和山丘仍然一片青翠。在这里，新鲜蔬果与肉类，还有饮用水，想必都非常丰富。此外，在法国船员眼中，巴西女子的美貌更是如梦似幻。据说许多船只就因为船员沉迷于这座城市的声色之娱，而在此耽搁数周之久，直到航程不能再延迟的时候才起航，载着疲惫不堪的船员离开。[26]

　　但就目前而言，胡若望和船上的法国人都只能凭空幻想这片土地的模样。驻在圣萨尔瓦多的巴西总督梅内塞斯（Vasco Fernandez Cesar de Meneses）对于孔蒂亲王号向他的海岸巡逻舰开火深感气愤，又不相信这艘船只不是私掠船，因此下令船上人员皆不得上岸，必须等待他的手下彻底检查船上的每一个角落。梅内塞斯个性严苛，意志坚定，就连船上的病患也同样不许上岸。鲍格兰船长要求的补给品仍未能取得，以致船上的坏血病无从获得缓解。孔蒂亲王号上有些人因此病重而死。

在圣萨尔瓦多的耶稣会士敦促下，总督终于对他的上岸禁令开了个例外：傅圣泽神父，傅圣泽获准住宿于耶稣会学院，那里共有二十四名神父与弟兄。他在那里已经待了一整个星期，他们对他的招待亲切备至，而且完全不肯收他的钱。他们给予他充分的时间阅读，也让他在借住的房间里与人从事安静的谈话。他因此得以完成部分写作。[27]

还有一件令人欣喜的巧合——同一修会的卫嘉禄（Brother Charles de Belleville）也住在这里。身为画家、雕刻家与建筑师的卫嘉禄在1698年抵达中国，比傅圣泽还早一年。他设计并监造了北京与广州的耶稣会院，而傅圣泽在这两处都居住过；而他的宗教画作也可见于中国的几座教堂里。他在1707年被召回欧洲，接着在1710年被调到圣萨尔瓦多继续他美妙的工作。他和傅圣泽有聊不完的话题。[28]

耶稣会宿舍的花园位于峭壁顶端，种满了花卉与可可树。耶稣会教堂的正面砌着欧洲运来的白色大理石，就矗立于宿舍旁，高高俯瞰着城市的中央广场。三道庞大的长方形门口上各有一个壁龛，立着三尊雕像，分别是该教派最具影响力的三位创派神父：罗耀拉（Ignatius of Loyola）、沙勿略（Francis Xavier）与博日亚（Francis Borgia）。在这三尊雕像上面，五面高大的窗户把东方的阳光迎入室内，照亮了深色木雕与微微闪亮的银饰。教堂的西端是圣器收藏室，装点得特别华丽，结合了各种相异元素，天花板绘制了繁复的图画，地板则铺设了蓝色与黄色的花样瓷砖。[29]透过圣器收藏室低矮但宽阔的窗户，西方的景色尽收眼底，视野能够伸展至峭壁底下，越过海湾，眺望停泊在巴西阳光下的孔蒂亲王号。在那艘人员遭到软禁的船上，水手正在疾病中挣扎，而且这当中还有一个中国人，名叫胡若望。

1722 年 5 月 31 日 星期日

巴西外海

孔蒂亲王号驶出了万圣湾。经过一番搜查而没有在船上找到任何非法货物之后，总督的态度终于软化，允许补给品上船、修复桅杆，法国军官与船员也得以上岸。当时他们在船上已经待了十四天，患病的人员也已有十八人死亡。[30] 离开的计划相当匆忙，他们取得的粮食与饮用水量也不如预期。原来冬季是巴西粮食稀少的时节。[31] 蚂蚁把当地居民种植的蔬菜咬食一空，唯一数量庞大的新鲜作物是柳橙和香蕉，但这两种水果的腐败速度极快。至于肉类，当地似乎没有羊肉，鸡肉也很少，牛肉则品质不佳。

傅圣泽在最后一刻才由他在当地的朋友送到码头上船。经过这次上岸小住，他不但身心得以放松，也获得了充分的休息，现已迫不及待要展开最后阶段的旅程。[32] 现在，他必须让胡若望做好准备，以便迎接往后的生活。

1722 年 7 月下旬

大西洋上

　　将近两个月来，风向都与他们的航向相反，以致航行进度非常缓慢。6 月和 7 月并不适合从西南往东北横越大西洋。

　　胡若望很平静，但瘦得有如皮包骨。他的言行举止变得更加卑顺，不必傅圣泽开口就会自动泡茶，在必要的时候也会主动布置船上的小圣坛供弥撒使用。傅圣泽神父主持弥撒的时候，偶尔也会让胡若望帮忙。

　　胡若望向傅圣泽神父透露自己看见了一个异象。他说自己的心中满是天使，而且天使都呼唤着他，说他负有一件特殊任务，必须引介中国皇帝认识基督教的真理。那些天使并不认为这是一件困难的任务。[33]

　　傅圣泽不希望胡若望沉迷于这种想法当中，于是试图转移他的注意力，向他说明欧洲人的生活方式与习俗，以及他到了法国之后会见到什么样的情景，如此一来，应有助于减轻文化差异对他造成的冲击。但让傅圣泽担忧的是，胡若望似乎根本没有听进去。

1722年8月中旬
拉科鲁尼亚外海

说来虽然不太可能，但孔蒂亲王号上的粮食又快吃光了，而且淡水存量也少得危险。从巴西前往法国的旅程应该最多只要四十五天，结果却花了超过七十天，而且现在也才抵达西班牙西北部的拉科鲁尼亚港口（La Coruna）而已。那里的有关单位不肯让他们靠岸补充补给品，原因是马赛爆发了瘟疫，所有法国船只都成了各国警戒对象。西班牙指挥官可不管孔蒂亲王号根本没有接近过马赛甚或是地中海。[34]

他们在港口外下锚，一方面因为风向不对而无法继续往北航行，另一方面又遭到西班牙官方禁止靠岸。

鲍格兰船长只要觉得忧心，就会召开会议。这一次，他也把傅圣泽神父找来一起参与商议。在会议进行期间，胡若望显然猜到了讨论主题，走到门口打断了他们的争辩。胡若望站在门口，以中文呼唤傅圣泽，要他听听他的意见。胡若望有个计划。"给我一艘能够划到镇上的救生艇，"他对傅圣泽说，"我会说服总督重视我们的需求。我会让他准许我们上岸采购我们维生所需的物品。"

傅圣泽一口回绝了胡若望的主意，但胡若望却不肯放弃，反倒提高嗓门，再次重复他的提议，并且一再为自己的论点增加理由，指称船上的人员也有权利，而他将迫使西班牙人了解他们的权利也必须受到尊重。就在他说得口沫横飞之际，法国船员插嘴向傅圣泽询问他究竟在说些什么。傅圣泽向他们说明胡若望的意图，但尽量淡化他的用词。船员听了之后，都深感意外又觉得好笑。

胡若望没有获准实行他的计划。鲍格兰船长决定买下西班牙人愿意送来船上的少数补给品，然后顺着沿海的风向驶回家乡，希望一切顺利。傅圣泽开始怀疑胡若望的神智是否正常：他对那场斗殴闷闷不乐，那天在炮火下挥舞着弯刀，然后又看见天使的异象，现在又自告奋勇划救生艇上岸。胡若望如果神智不正常，傅圣泽就必须决定接下来该怎么做。

傅圣泽对于中国的疯病所知不多，但二十二年前的夏季他在江西服务之时，曾经见过一个案例。一名年轻女子和八名年轻男子都不幸患病，傅圣泽仔细观察了他们的症状，并且向法国的一名通信对象谈及这些病患，以那名女子（年约十七八岁）当做范例："她外表上看起来完全健康，饮食的胃口都很好，也能管理家中的事务，言行举止也都相当正常。不过，她常会在意想不到的时候突然发疯，说起某些遥远或者根本不存在的事物，仿佛那些事物就在她面前，而且她亲眼看到了一样。"那些年轻男子也有同样的症状，一旦发作就必须绑起来，以免伤害自己或他们的家人。他们后来都借着在家里陈设十字架以及泼洒圣水而获得治愈，但这段经历还是令人百思不解也颇感不安。[35]

　　无论如何，胡若望的表现和那个江西家庭的状况并不相同，而且他们这段航程也确实极为漫长。等到他们上岸之后，胡若望必定就会平静下来了。[36]

1722年8月27日　星期四

路易港

他们的航海旅程终于结束了。昨晚他们就知道船只已经接近法国了，但必须先在外海下锚停泊。等到天一亮，鲍格兰船长就随即航向格鲁瓦岛（Isle de Groix）。在那里，每当有船只从东印度群岛或西印度群岛回来的消息传开，就会有一群小船聚集过来，船上的布列塔尼船员对于海岸线上的每个小海湾都了如指掌。他们会先卸下船上的船员与水手私自携带的货物，以免这些货物遭到国王的税务官员盘点。

他们可以在上岸之后再取回这些货物，借以贩售发财。不过，印度公司的武装船只却早就到了。一名海关官员率领十人左右的卫兵登上孔蒂亲王号，所有小船都遭到阻挡而不得靠近。舱门与库房门口都受到看守，船员的卧舱都被搜查，所有物品贴上封条，然后船只即被护送到路易港的停泊地点，港口上方可见到堡垒的大炮。卫兵仍在孔蒂亲王号上，看守着船上的各个角落。[37]

在甲板上，胡若望能够越过海湾而远眺法国，看见一排排坚固的石屋，屋顶皆由石板铺成，还有看似繁忙的码头、斜坡沿岸，以及北方林木茂密的岬角。[38]

在甲板下方，傅圣泽正在写信给法国的耶稣会上司：奥瑞神父（Orry），向他概述这场航程。天色逐渐暗了下来，只见岸上小镇里的灯光一盏盏陆续点亮。[39]

注释

1 船只航行八天都无风一事，见 BAV, Borg Lat, 565, p.112 r。许多走访珠江三角洲的人士都提到当地山丘的贫瘠状态，包括夏克，第 186 页。

2 魏若望，参考书目，第 377 页，其中列出 1 月 6、8、10 日的若干信件。BAV, Borg Lat, 565, p.110 v，傅圣泽在 1 月 13 日距离伶仃岛不远处，谈及抄写工整的副本。

3 胡若望的同桌用餐伙伴以及他的用餐习惯，可见于 RF 387。我猜测他在航程初期的用餐同伴和用餐习惯持续了好一段时间。

4 水手的薪资记载于 Buffet，第 87 页。低阶军官的人数与薪资，Dermigny, I, 222, 233。法国船只军官经常超编——在十八世纪的某些特出案例中，军官在全体船员当中所占的比例可高达 39%，Dermigny, I, 222。

5 航程日期，BAV, Borg Lat, 565, p.118 r。傅圣泽谈及航行状况："nous eusmes la plus heureuse navigation jusqu'au Pol Condor"（前往昆仑岛的旅程是最愉快的航行体验），见 BAV, Borg Lat, 565, p.112 r。

6 胡若望晕船，RF 387。

7 当时的岛屿图可见于夏克书中的边饰，第 177 页；宋君荣, ed. Simon, 第 494 页边饰。宋君荣对岛屿的描述，见第 10 页，在第 18 页又重提一次（这封信的日期不可能是 Simon 编辑本中所列的 1722 年 2 月 23 日，因为其中提及 1722 年 6 月的天文观测，这封信应是在夏末写于广州）。夏克的观点，第 174 页。

8 三名已婚的士兵信息，见夏克，第 176 页。英国人遭害一事，见夏克，第 180 页，宋君荣，第 19 页。人员遭绑架，第 182 页。法国与德国的士兵，见宋君荣，第 23 页。放弃昆仑岛的决定，宋君荣，第 24 页。昆仑岛是英国早期的停泊港，Morse, I, 129, 135。

9 夏克，第 176 页，提及加拉蒂亚号的补给品。

10 傅圣泽在岛上暂居并收到信件，BAV, Borg Lat, 565, pp.112 r, 118 r。夏克与宋君荣捎信给傅圣泽，可见于同前，p. 123 r。

11 宋君荣，第 24 页，明确指出那年 1 月："le 25 au matin ces trois vaisseaux misent à la voile et ramenèrent en France la colonie"（三艘船将在 25 日上午将殖民地的人员带回法国）。在 BAV, Borg Lat, 565, p.112 r，傅圣泽指称他们在 2 月 6 日离开。他的回忆似乎比较正确，尤其是岛上的士兵和垦殖居民必然需要一段时间才能废弃其殖民地并齐集上船。

12 Dermigny, I, 193-195，提到中国禁止荷兰人来华贸易。BAV, Borg Lat, 565, p.112 r，提及借此获利的想法。

13 傅圣泽密切描述了航行状况，以"touer"指称扯动船锚的动作，显然对船只航行的各种技术细节起了兴趣，见 BAV, Borg Lat, 565, pp.112 r, 118 r。

14 胡若望从 1 月 5 日起晕船两个月，见 RF 387。

15 斗殴——"quelques gourmades"，RF 387。

16　胡若望对于船上那些粗人的批评——"la grossièreté des matelots et des soldats"（水手和士兵都粗俗不已）——傅圣泽记述在 RF 390。

17　斗殴地点与 BAV, Borg Lat, 565, p.112 r 的记载吻合。鞭笞惩罚，RF 387。

18　航行状况描述与日期，见 BAV, Borg Lat, 565, p.112 r。由中国经好望角返回欧洲的航程分析，见 Dermigny, I, 263-264。

19　桅杆断折再次强调于 RF 388。

20　错过圣赫勒纳岛以及船员的会议，BAV, Borg Lat, 565, p.112 r。

21　这场战役的简述可见于 RF 388，其他补充资料可见于 BAV, Borg La, 565, p.112 v。孔蒂亲王号火炮装备的细节未见于这些记载中，而是补充在 BL, Add MSS 26817, p.233。BAV, Borg Cin, 467, p.7，其中确认孔蒂亲王号被 "canon à Boulet" 击中。

22　傅圣泽在 RF 388 指称胡若望在船上准备打斗的行为是他发疯的第一个证据。

23　关于船只进港，Frezier, p.270；Russell-Wood, pp.43-44。

24　关于在巴西登陆的一般论述，见 Dermigny, I, 250-251；1719 至 1769 年的月份见于第 246 页。在第 264 页，他提及贸易商人从中国返欧途中在巴西停留："cette relâche ne se justifierait nullement au retour, alors qu'on continue à la pratiquer à l'aller"。这点又受到等时图的进一步证实，Dermigny, IV, map 1。Frezier，第 277 页，提及 3 月通常会有来自里斯本的大型补给舰队抵达巴西。

25　关于圣萨尔瓦多市的景观与描述，见 Frezier, p.272-279; Russell-Wood, pp.50-58。

26　水手对于在巴西上岸的喜好以及对巴西女性的赞许，见 Dermigny, I, 250-251, n. 8。

27　在总督的要求下，傅圣泽详尽描写了他在中国的经历、嘉乐的使节任务以及康熙皇帝送往葡萄牙的赏赐，并且简短概述了自己的航行过程，见 BAV, Borg Lat, 565, pp.114 r-122 r，他保留了一份抄本，誊清本则在 5 月 30 日交给总督。

28　关于卫嘉禄，见魏若望，第 255 页与 n. 6，Pfister no. 237，以及荣振华 no. 96。傅圣泽详细描述了 5 月 13 日的登陆状况、船上人员的困境，还有他受到耶稣会人员接待的情形，BAV, Borg Lat, 565, pp.113 r, 113v, 122 r。

29　耶稣会的教堂现已成为巴希亚的大教堂。关于这座教堂，另见 Frezier, p.277；Santos，图 32（平面图的分析）与图 44；以及 Campiglia, pp.20-24; 37-47，其中收录了圣器收藏室的细部照片。

30　出发日期，BAV, Borg Lat, 565, p.112 v。傅圣泽指称他们被关在船上 "14 至 15 日"，可能是从 5 月 10 日开始计算。

31　冬季的粮食与采购问题，见 Frezier, p.279。

32　在圣萨尔瓦多停留的日期见于 BAV, Borg Lat, 565, p.112 v 之后。第 112 页原本应当详细描述出发状况以及横越大西洋的下一阶段航程，却仅留下空白。

33　胡若望的卑顺态度、在船上的殷勤表现、他的梦，还有他对傅圣泽谈话的反应，见 RF 389。

34　拉科鲁尼亚的事件记载于 RF 388-389，补充资料可见于傅圣泽在 1722 年 8 月 27 日写给奥瑞神父的信：BAV, Borg Lat, 565, p.126 r。在 RF 388 的边注，傅圣泽提到拉科鲁尼亚的总督是里克伯格侯爵，但他也许是把那位总督的名字与路易港的堡垒指挥官里克伯格搞混了。《信使报》对于 1721 至 1722 年间极为严重的马赛瘟疫有许多讨论。瘟疫结束之后，巴黎在 1723 年 2 月 12 日举行了正式庆祝活动，包括一场大弥撒以及欢唱感恩赞歌（《信使报》，1723 年 2 月，第 380 页）。

35 傅圣泽写给拉福斯公爵（Duc de la Force）的信（《耶稣会士书简集》，XVII, 73-128），江西南昌，1702 年 11 月 26 日。发疯事件记载于第 95—101 页。这起案件主要由沙守信神父处理，但傅圣泽指称他在事件发生的 6、7 月间正在江西抚州，而向沙守信了解了整个事件经过。

36 RF 389，傅圣泽："Je consolois dans l'espérance que la terre pourroit le remettre"（我把希望寄托在上岸所将带来的抚慰）。

37 试图在格鲁瓦岛下锚，以及被护送到路易港，BAV, Borg Lat, 565, p.123 r。关于格鲁瓦岛与走私行为，Dermigny, I, 238-239。关于印度公司的武装巡逻船只——所谓 "pataches" —— Buffet, pp.88-89; 94。

38 路易港的港区地图，Buffet, pp.394-395。

39 写给奥瑞神父的信，1722 年 8 月 27 日，BAV, Borg Lat, 565, pp.125 v-126 r。8 月 27 日的日期确实没错，但傅圣泽因为抄写得匆忙潦草，以致看起来像是 17 日。

第四章　上岸

1722 年 8 月 28 日　星期五

路易港

清晨，印度公司一位名叫勒斯托贝（Lestobec）的主管登上孔蒂亲王号，重申不得携带任何物品下船的命令。[1]他也警告船上人员不得违法上岸，但禁令没有扩及鲍格兰船长及其他政府官员。他们当天中午即可到路易港吃午餐。

傅圣泽利用早上的时间又写了另一封长信，这次写信的对象是比尼昂（Abbé Bignon），王室图书馆馆长。傅圣泽想到，透过比尼昂与王室的关系，也许能够让他的十一箱书籍快速通过印度公司漫长的查验程序。只要他的书能够愈快获得放行，他就能愈早继续自己的伟大工作。为了取得比尼昂的支持，傅圣泽必须说服他相信这项工作确实非常重要，而且关联重大。"二十三年前，"傅圣泽写道，"我开始学习读写汉语和中文，一心希望能够找出方法，深入那个国家的文字遗迹。那些典籍的书写风格、所采用的表意文字、古老的历史以及探讨的主题，这一切在世界上都独一无二，即便在其他文明发展程度最高的国家也找不到同样的东西。这一切都深深勾起了我原本就相当活跃的好奇心，而且我可以向您保证，为了满足此一好奇心，我绝对是用尽了各种方法。经过多年锲而不舍的研究，我已开始看出一条确切的道路，能够通往这个长久以来令我不得其门而入的神秘深渊。我研究得愈深入，发现的惊奇也愈多，终于确信这些文字遗迹就像是一座庇护所，保存了最珍贵的古代珍宝，但欧洲对此却向来一无所知。"[2]

傅圣泽认为自己这么说并不夸大：亦即比尼昂不仅充满智慧，又对远东地区深感兴趣，必然是天意挑选来促成此一重大工作的人选。只要他和傅圣泽合作，必可揭开那模糊不清的真理核心，"在超过八千年前由最神圣的主教隐藏在这些含意深远又神秘的象形文字当中。从中国文字的源头来看，这才是我们对其必须有的正确理解"。

这封信最棘手的部分，就是该如何说服比尼昂运用他的影响力协助傅圣泽。傅圣泽决定采用这样的说法：比尼昂等待着布雷特舍在中国采购下一批书籍并且送来法国的同时，也许可以暂时先使用傅圣泽的那十一箱书籍。"我斗胆提供给您几千本我精心收藏的书籍。"他以谦逊的语气写道。比尼昂如果对这项出借的提议有兴趣，那么他说不定也会想要借用胡若望。傅圣泽虽然似乎只是顺口提及这一点，却表达得非常明确："有个懂得书写而且有些能力的中国人随我同行。已经有人承诺在意大利帮他找一份体面的工作，但如果有人想要把他留在法国，他可能也会同意配合。中国典籍的阐释需要有中国人的协助，而且就算不考虑这一点，中国人也可帮忙抄写及摘录书籍内容，以及找出特定篇章。"

傅圣泽写完了信，也标上了日期，但还来不及封缄，就听到孔蒂亲王号上起了一阵骚动。竟然有一艘王室船只前来接他！这项消息实在令人讶异，但他随即就得知了原因。孔蒂亲王号的船员在那天上午上了岸，和路易港管理单位的资深官员艾蒂安－弗朗索瓦·雷诺（Etienne-François Renault）共进午餐。他在过去两年来担任海军补给官的职务。在餐桌上，船员提及船上有一位傅圣泽神父，结果雷诺正好与傅圣泽很熟。原来他们在二十四年前曾经一起在路易港搭乘勒庞号（Le Bon）这艘船只前往印度，当时他们两人都才刚要前往东方服务，雷诺到金德讷格尔的法国工厂，傅圣泽则是到中国传教团。[3]雷诺随即运用他的官方特权，命令王室船只的船长率领四名船员划船到孔蒂亲王号，把傅圣泽神父接回家。傅圣泽一定要接受雷诺的款待，不能在船上多待一天。

傅圣泽对于这项邀请虽感意外，却也相当开心。实际上，在许多年以前那场漫长又危险的旅程上，他和雷诺成了感情非常好的朋友。问题是，他该拿胡若望怎么办？胡若望对于欧洲人的礼仪习俗仍一无所知。说不定他会成为雷诺的负担，说不定会让雷诺难堪。傅圣泽一旦到了路易港的镇上，他就可以从容地帮胡若望找寻住所，找个可让胡若望觉得自在舒适的地方。王室船只已在等待，他没有时间仔细思索这件事了。傅圣泽在孔蒂亲王号上已经待了超过八个月，路易港或洛里昂又没有耶稣会宿舍。他必须赶紧做出决定。他搭上王室船只，朝着海岸而去，身上带着要给比尼昂的信件。他没有时间和胡若望讨论信件的内容。

胡若望和其他人一起留在孔蒂亲王号上，继续接受卫兵的监视。

现在，船上没有其他人会说中文了。下午过去了，第二个夏日夜晚
再度降临，胡若望仍被傅圣泽留在船上，没人可以说话。一时之间，
岸上隐隐传来鼓声。那是港口驻军的乐队在每天日落降旗时所演奏
的音乐。[4]

1722 年 8 月 29 日 星期六

路易港

胡若望终究还是来到了行政专员雷诺的家。结果证明傅圣泽的顾虑是多余的。雷诺天性豪爽，一听到傅圣泽说他在船上有个中国助手，就坚持在第二天把他接过来和他们同住。[5]

傅圣泽在今天上午前来接胡若望。他回到船上之后，塞了些烟酒给一位海关人员，设法说服他让傅圣泽带走一些私人物品；更重要的是，还带走了他那十一箱共四千本书籍的书单。这时还不可能把书带下船，他的十一箱书籍都被印度公司的检查员贴上了封条，要存放在哪里接受查验也还没决定。傅圣泽提议把书籍和胡若望出借给比尼昂的那封信件已经寄了出去，说不定届时可以获得王室的协助。他在将近一年前和布雷特舍一起在广州采购的那七箱书，早已在 7 月运到，因为加拉蒂亚号比孔蒂亲王号整整早了两个月抵达路易港。[6]那七箱书已在送往国王的图书馆的途中，印度公司不敢拖延。

傅圣泽带着胡若望和书单回到雷诺的宅邸。雷诺拨出二楼的一个房间给胡若望居住。他将与雷诺年约五十岁的女管家一起用餐。雷诺没有结婚，这位女管家在路易港为他料理所有家务已有很长一段时间了。

胡若望觉得房间的空气太闷，床架也太高。他把床垫和底下的草垫搬到地板上，然后打开了窗户。屋里的佣人看到之后，就把床垫搬回床上，并且关上窗户。接着，胡若望又把床垫搬到地上，再次开窗。这场沉默的拉锯战来来回回，直到佣人放弃为止。于是，胡若望就这么睡在地板上，夏末的微风阵阵吹入房间里。

胡若望在另外一件事情上也没有遵照雷诺家中的安排。他拒绝和雷诺的女管家一起用餐，甚至不肯让她接近。他只要一看到她，就会扮鬼脸、挥手驱赶她，或直接背对着她。每次用餐他也都这样对待女管家。最后，他们终于让他单独用餐，在一间那名女管家不得进入的房间里。[7]

1722 年 9 月 1 日　星期二

路易港

雷诺在路易港人脉极广。他在这里虽然才待了两年多一点，但由于他负责督导海军补给品的采购与配送工作，而得以接触各行各业的人士。他认识为船只生产饼干的烘焙行、酒桶制造商，还有提供大型酒窖让船只在开航前储存葡萄酒的租赁业主，以及贩卖沙丁鱼、食用油、蔬菜与肉类的商人。这些物品都必须由雷诺和他的手下采购及储存，其他人则负责军火与海军补给品。

雷诺手下的许多工作人员都住在洛里昂这座比较大的造船城镇，但雷诺比较偏好路易港惬意的生活环境与美景，而且像他这样的人还不少。[8] 透过雷诺的引介，傅圣泽结识了当地的商人、军人以及任职于印度公司的人员。[9] 他今天和镇上的一名要人一同进餐：国王代表暨堡垒指挥官里克伯格（François Burin de Ricquebourg）。他现年四十八岁，来自庇卡底（Picardy），儿子是耶稣会的成员。[10] 傅圣泽也见过了港口主管比戈（Paul Bigot），并且和曾任船长但现为镇上海军司令的帕克（Louis Martin du Parc）共同用过餐。[11] 目前帕克与里克伯格为了停泊在格鲁瓦岛的返国船只归谁管辖而相执不下。[12] 此外，傅圣泽也结识了印度公司的主管人员、当地的教士，甚至还有镇上的普通居民，只因为他在外出途中为他们住家的美丽花园所吸引而入内歇脚。

傅圣泽既然都在富裕人士的圈子里活动，就必须为胡若望准备一套欧洲服装。路易港是个繁荣的城镇，虽然不大，却至少有十几家裁缝店可供选择，更遑论其他布商。傅圣泽心情极佳，于是慷慨地挑选了一名绝佳的裁缝师。他为胡若望订做了一件布料精致厚实的套装，因为秋天即将来临，还加上了一件合身的及膝排扣究斯特科尔式外套（justaucorps）。套装和紧身都是深褐色——当时的人开始称之为"咖啡色"，因为摩卡咖啡已在法国成了一种广受喜爱的饮料。[13]

胡若望对路易港充满好奇，也开始探索这座城镇。他穿着新衣到处走动，仔细观察着一切事物，仿佛是在为他对傅圣泽说过自己打算写的回忆录搜集材料。他尤其对法国人长途旅行所搭乘的大型马车深感着迷。这种马车无法穿越路易港市区陡峭的狭小街道，那些街道的路面上不但满是坑洞，而且转弯角度常常大得难以置信；不过，在客栈旁那座周围种满了树木的广场与通往城镇的大门旁，这种马车就很常见。胡若望借了纸张，画了几张这种马车的素描。[14]他也会花一两个小时抄写傅圣泽的书籍，但除此之外，心思似乎都放在其他事物上。[15]

1722 年 9 月 2 日　星期三

路易港

　　胡若望今天偷走了一匹马，或者也可以说是借走，就看你采取什么观点了。[16]

　　事件的发生经过非常短促。胡若望站在二楼房间的窗前俯瞰着底下的庭院。一名来自乡下的信差骑着马直入庭院，因为雷诺的住家是路易港少数较为宽敞的宅邸，大门的宽度可让马匹轻易穿越。那人把马系好，随即进入屋里执行他的差使。胡若望就在这时匆忙下楼，解开马匹的系绳，爬上马背，朝着镇里奔驰而去。

　　他以前不曾骑过马，但很快就抓到了诀窍。路易港的街道对于马车而言过于陡峭曲折，对单人一骑而言却是相当宽阔，可以让人沿着城墙底下绕行一圈。这里的城墙非常优美，遇到战事却极不实用，因为守城的士兵在城墙上又高又窄的走道上根本无法错身而过，甚至可能被火绳枪的后坐力震得跌下城墙。若是在狭小的街道上奔驰，目光一定不免透过房屋之间的缝隙而深受底下的海面所吸引。在堡垒底下空旷的操练场可以尽情奔腾，望着堡垒的星形侧厅突出于水上，还有一条狭窄的桥梁连接堡垒与城镇，桥下的桩基不断受到潮汐的冲刷。此外，一旦穿越城墙中的拱门，即可骑上狭长的海滩，或是沿着路树茂密的彭因特路快意奔驰，道路两旁的住户都是从事东方贸易的富商。[17]

胡若望骑了很长一段时间。马匹主人等不到他回来，只好在镇上到处找寻他的踪影。他后来遭到责骂，却毫无悔意，反倒向傅圣泽问道：既然马匹摆着没有人骑，为什么不能先让别人使用？

　　路易港的居民开始把胡若望称为"堂吉诃德"。傅圣泽开始纳闷自己是不是根本不该等待比尼昂的答复，而应该立即把胡若望送回中国。[18]他进行探询，却被人告知印度公司不会在这个季节派遣船只前往中国。想要摆脱胡若望并没有这么容易。

1722年9月9日　星期三
路易港

　　胡若望没有再骑马，但也没有从事多少抄写工作。傅圣泽估计胡若望自从上岸以来，总共大约只工作了六个小时。[19] 因此，他显然没有资格领取薪资。

　　傅圣泽收到了国王的图书馆长比尼昂的回信，在9月4日写于巴黎，回复傅圣泽在8月28日写于船上的信件。[20] 比尼昂感谢傅圣泽协助布雷特舍为图书馆采购那七箱书籍（布雷特舍在那三艘船离开广州的两天前写了一封信，提及傅圣泽对这次采购任务的协助），也感谢他出借胡若望的提议。"你带来一个土生土长的中国人，真是再理想也不过了。而且，由你对他的描述，他无疑是个书生。如果我们能让他留下来，他只要跟着我办事就行了——对他来说，待在这里一定会比去意大利好得多。"比尼昂接着发下豪语，指称他的目标是要大幅推广中文学习，让中文学习在法国的普及性就像当前的阿拉伯文一样。

　　在比尼昂主持下的中国图书馆规模已愈来愈壮观。在1697年以前，法国国王只有四本中国书籍，是枢机主教马萨林（Mazarin）在路易十四掌政初期致赠的礼物。同年，康熙皇帝透过白晋神父（Bouvet）送来了四十九本有关语言和博物学的中国书籍。1700年，洪若翰神父（Fontaney）送给国王一套十二册的满汉辞典。1708年，海关主管人员送给了国王十四箱中文与满文书籍，有些箱子以蓝色缎布绑缚，有些以黄色锦缎绑缚，其中共有一千三百本书，原因是这些书在十五年前被法国的海关检查员扣押，却都没人认领，傅圣泽要是知道这件事必定会吓出一身冷汗。同一年，路易十四世又增加了三本书，是在王宫的橱柜里找到的，其中两本是由西方传教士所写的中国天文学，另外一本则是以中文叙述加上插图的基督生平。比尼昂在1718年被任命为国王图书馆馆长，也向国王呈上了几本中国书籍。次年，他从外方传教修院取得了八百本中国书籍，而把这些杂乱无章的书本凑成了一套重量级的图书收藏。[21] 布雷特舍的那七箱书——其采购工作不仅受到傅圣泽的协助，更是依据比尼昂的同僚，汉学家傅尔蒙（Etienne Fourmont）所订定的指导方针编列——总共有一千七百六十四册。难怪比尼昂会对傅圣泽那装满了十一箱的四千本中国书籍感兴趣。

傅圣泽立即回信。他那十一箱书如果有助于比尼昂的宏大事业，那么他当然非常愿意帮忙，但他本身的计划还没确定。至于胡若望的事情，则必须进一步说明。"和我一同来到法国的那个中国人不是饱学鸿儒，甚至连个功名都没有，但他懂得书写，也看了一辈子的书。他现年四十岁。能把他引介给你是我的荣幸。如果你认为他能够帮上你的忙，那么我会建议他待在法国，把待在法国的好处告诉他。"

　　傅圣泽的计划有可能为胡若望开辟出一条光明大道。他知道十二年前曾有一位名叫黄嘉略的中国人被一名天主教教士带到法国来，结果在巴黎定居，任职于王室图书馆，工作相当勤奋，并且结了婚，生下一个女儿，后来在 1716 年才因为疾病而导致全家人先后去世。比尼昂也知道黄嘉略的例子。黄嘉略如果没死，图书馆里的所有中国书籍早就可以编成完整的目录。[22] 有了胡若望和比尼昂主导，法国的中文图书馆说不定能够享誉欧洲。

1722年9月15日 星期二

路易港

　　傅圣泽埋首于自己的职责和书本，以致根本无暇注意胡若望。他把自己那十一箱书籍的完整书单寄了一份给比尼昂，并且详细说明了那些箱子里为何还装有个人财物及欧洲书籍。[23] 此外，他先前忘了自己还有第十二个箱子，里面装满了各种杂物。他担心印度公司的检查员会以为他想要偷渡非法货品。神职人员并没有免于起诉的特权。十三年前，信心号（Confiance）的随船牧师儒安（Abbé Jouin）就因为被控利用送到朋友家中的酒桶与木箱走私银器，又诈骗了船上书记员应得的利润，而在路易港堡垒被监禁了四个月。[24]

　　傅圣泽请求印度公司的官员让他把船上的箱子打开，以便风干里面的物品，但对方不为所动。箱子在旅途中不免遭到损坏，他知道有些书都潮湿了。[25] 印度公司下令所有箱子必须原封不动地送到南特的仓库，届时傅圣泽也必须亲自到那里办理通关手续。傅圣泽为他自己和胡若望预订了下周四的两个马车座位。

　　胡若望对路易港的探索更为彻底了。他对这座城镇的观察似乎远比别人预料的还要深入得多，尤其是还能看穿这里表面上的繁荣，而注意到那些生活悲惨的底层民众——这种例子其实随处可见：遭到解职的士兵、一上岸就把钱全部喝光的酗酒水手、父亲总是不在家的孩子、梅毒患者与染病的妓女、堡垒附近医院里的截肢病人、扛负沉重的粪便而脚步蹒跚的粪便搬运工。[26] 相较之下，身穿咖啡色究斯特科尔式外套的胡若望看来还尊贵得多。

傅圣泽向他说他们已订了一辆私人马车，即将离开路易港，胡若望却说他不想走。他的态度极为坚定。他想要当乞丐，他要一边行乞一边步行穿越法国。他不要马车也不要马匹，只要靠自己的双脚即可。傅圣泽感到大惑不解，但他认为胡若望想要靠着双脚走遍法国，可能和他想要写一本旅游回忆录有关。现在已没有时间迁就他的古怪念头，而且这种做法无论如何也太过危险。政府对于身体健康的流浪汉已公布了新的逮捕与流放规定，胡若望要是遭到警察拘捕，恐怕会被送到路易斯安那的法国殖民地，甚至是其他更危险的地方。[27] 他们必须到南特办理书籍的通关事宜，傅圣泽于是不再理会胡若望的异议，而确认了马车的订位。

注释

1　关于印度公司人员与主管勒斯托贝，BAV, Borg Lat, 565, 123 r。

2　傅圣泽写给比尼昂的信，收录于 BN, MS Nouvelle Acq. Fr. 6556, pp.103-104 v。
这封信的大部分内容都翻印于 Omont, pp.810-811，漏失的部分则抄写于 Pinot,
Connaissance, pp.10-11（收件人误植为傅尔蒙）。Omont 和 Pinot 都没有 BN 6556,
p.104 v 所引用左侧的页边注记，其中显示这封信原本在船上写成，在傅圣泽搬进雷
诺家里之后才更正了收件人。一份签名抄本收录于 BAV, Borg Lat, 565 p.125 r。关
于比尼昂的事业成就，见 Elisseeff-Poisle, pp.31-33。

3　雷诺与王室船只（canot du Roy）一事，见 RF 390; Buffet, p.94; BAV, Borg Lat, 565,
p.123 r。关于雷诺在当时是 "commissaire ordonnateur"，证据可见于 Buffet, p.93。"勒
庞号的那趟早期航程系魏若望经过仔细研究才拼凑而成，见魏若望，第 87 页。这
艘船的起航时间为 1698 年 2 月，因此严格说来并不是 RF 390 所指的二十五年前。

4　日落降旗的乐队演奏，Buffet, pp.48-49。

5　雷诺的邀请与胡若望的住宿安排，RF 390。傅圣泽迎接胡若望上岸，以及书单，
BAV, Borg Lat, 565, p.123 v。"J'allai encore à Bord pour y chercher mon chinois"（我
再次上船去接我那个中国人），傅圣泽写道。

6　加拉蒂亚号在 7 月 15 日抵达——《信使报》，1722 年 7 月，第 174 页。另外七箱
书的运送情形记载于 Omont，第 814—815 页。另见 BAV, Borg Lat, 565, p.129 r，
傅圣泽指称那些书籍在 1722 年 9 月初就已卸下了加拉蒂亚号。比尼昂（BN, MS
Francais, 15195, p.93 v）提到这些书在 9 月 23 日晚上由 M. Guymont 结关，地点可
能是在南特——"在昨晚之前"，他在 9 月 25 日写道。

7　胡若望不让女管家接近一事，见 RF 391。

8　雷诺的工作性质参考自 Buffet, pp.90-94。关于路易港居民的选择，见 Buffet, pp.80-
82。

9　傅圣泽骄傲地列出他的新朋友以及繁忙的社交生活，见 BAV, Borg Lat, 565, p.123 v。

10　关于里克伯格及其儿子，Buffet, pp.27, 94-96, 484。

11　关于比戈，见 Buffet, p.93；关于帕克，见 Buffet, pp.81, 92。

12　里克伯格与帕克在 1722 年 9 月初的争执，见 Buffet, p.95。

13　裁缝师与摩卡咖啡在当时法国风行一事，见 Buffet, pp.275-276, 448。套装与兖斯
特科尔式外套的颜色及样式，见 BAV, Borg Cin, 467, p.178，1725 年 11 月 15 日写
给戈维里的信。RF 400 提到这件套装 "d'un drap fort fin et fort beau"（布料非常非
常好）。

14　关于胡若望的素描以及马车的描述——"il griffonna les premiers carrosses qui se
présentèrent à ses yeux"（他把自己最早见到的马车画了下来）——RF 552。关于道
路的失修状态与马车的稀少，见 Buffet, pp.387-388, 399。关于路易港的整体规划，
见 Buffet, pp.11-17。

15 胡若望在路易港花了几个小时抄写书籍一事，见 RF 535。

16 关于胡若望的骑马事件，从他 8 月 29 日的抵达日期再加上四天（"il ne s'estoit pas ecoulé trois ou quatre jours depuis qu'on le eut amené chez M. Renaut [sic]" [自从我们入住雷诺先生的宅第以来，才过了三四天])，见 RF 390-391。关于大门宽敞的宅第，见 Buffet, pp.397-398。

17 路易港的街道来自作者的观察，关于十八世纪，见 Buffet, pp.393-394, 399。比较富有的男士习惯用轮椅当做家中女性成员的运输工具。街道图，见 Buffet, pp.394-395。

18 把走失的胡若望带回家一事，见 RF 391。

19 傅圣泽估计胡若望只做了 56 个小时的工作，RF 535。

20 比尼昂在 9 月 5 日所写的关键信件与傅圣泽的回信，皆抄录于 BAV, Borg Lat, 565, pp.129 v, 130 v。

21 王室图书馆初期的发展详细记载于 Omont, pp.806-809。关于傅尔蒙，见 Lundbaek, pp.88-89。

22 关于黄嘉略与比尼昂，Lundbaek, pp.87-88。

23 9 月 14 日写给比尼昂的信，Omont, pp.811-812。

24 儒安的奇案记载于 Buffet, p.68。

25 针对书籍可能受潮而向印度公司提出陈情，可见于 9 月 11 日写给比尼昂信件的附笔中，BAV, Borg Lat, 565, p.131 r。

26 关于路易港贫穷居民的描述，见 Buffet, pp.45-47, 87, 370-374。关于粪便的描述，见 Buffet, p.398。

27 胡若望坚持行乞一事，见 RF 392。傅圣泽对这件事的看法，见 RF 552。关于打击流浪汉的新法，见 Robert Schwartz, *Policing the Poor*, pp.29-31。

第五章

乡间

1722 年 9 月 17 日　星期四

路易港——瓦讷

　　傅圣泽租用的马车相当不错，是一辆舒适而轻盈的双人座敞篷马车。雷诺率同佣仆一起欢送他们。胡若望一开始仍然不肯走，但后来却突然改变主意，于是他们两人也就出发了。雷诺的一名仆人骑马伴随着他们，因为他必须到瓦讷出差，所以雷诺要求他顺道与他们同行，以便就近看管胡若望。[1]

　　他们一行人沿着通往梅尔勒韦内（Merlevenez）的道路往内陆前进，看着路易港与里昂泰克（Riantec）之间的潮汐湾和泥滩逐渐转变为平缓的丘陵。在他们右侧，透过草原上一株株冷杉之间的缝隙，可以瞥见远处的海面。道路不断爬坡上升，两旁满是高大的树木，而浓密的常春藤与一丛丛的槲寄生垂挂在他们头顶上。沟渠愈来愈深，路旁纠结缠绕的树篱愈来愈高，挡住了视线。灌木丛上长满了夏末的莓果。[2]

　　胡若望从行进中的马车上跳了下来，沿着树篱跑下坡。他一把抓下那些不知名的莓果，塞进嘴里，然后从树篱间的缺口冲向道路旁的原野。雷诺的仆人骑马追上他，才把他带了回来。过没多久，胡若望又再次跳下车，重复上演先前的情景。接着，又来一次。他们似乎怎么样都阻止不了胡若望逃跑，怎么样都没办法让他乖乖坐在位子上。

再这么下去，他们永远也到不了瓦讷。他们的行进速度慢得有如爬行。傅圣泽高吼着要胡若望回到马车上，他却只是咧嘴大笑。雷诺的仆人想要强押他回到车上，他却干脆整个人趴在地上，赖着不肯起身。那名仆人举起马鞭抽打俯卧在地的胡若望。

胡若望爬回马车上，静静坐着。他们继续行进了三四个小时，穿越梅尔勒韦内，眺望着远处的布拉韦河（River Blavet）。爬上山坡到诺斯唐（Nostang），视野豁然开朗，可望见东北方的乡野。越过架设于几乎流至朗代旺（Landevan）的潮沟上游的一道道桥梁，然后右转，驶上连接布雷斯特（Brest）与瓦讷的主要道路。

在大道上，他们中午在一家客栈休息用餐。一个站在客栈门外的乞丐走向他们，请求他们施舍。他向胡若望伸出手，结果其他人都还来不及反应过来，胡若望就脱下了他那件全新的咖啡色究斯特科尔外套，递给了那名乞丐。

傅圣泽怒声要求雷诺的仆人强迫那个乞丐归还外套。仆人随即遵从命令，用鞭子抽了那名乞丐。乞丐赶紧归还外套，但胡若望不肯接受，反倒大叫着说他绝不会收回那件外套，也绝对不会再穿。没有人能够改变他的心意，那名乞丐终于得以保有那件外套。

午餐过后，他们展开了途经欧赖（Auray）再前往瓦讷的漫长路途。那名仆人紧盯着胡若望，但胡若望不再试图跳下马车。他只是默默坐着，身上穿着他的上衣和背心。他们就这么从下午赶路赶到傍晚，只听得到车轮与马蹄的声音。[3] 在他们前方，在瓦讷城里，在山丘上的一簇簇房屋上方，可以见到一座大教堂高高耸立在黄昏的天空下。[4]

1722 年 9 月 19 日　星期六

瓦讷

　　瓦讷的耶稣会学院环境非常优美，校长古热（Andre Goujet）和他的耶稣会士同僚热情迎接了傅圣泽。这里其实有两间耶稣会的机构比邻并置，位于市集以北，就在城镇的主墙外。学院本身自从 1629 年就由耶稣会士主持，是布列塔尼东南部的第一座高等教育中心，获得当地贵族与路易十三及路易十四的丰厚资助，并于 1678 年建造了一座属于学院自己的华丽教堂。另外一间机构则是一幢四层楼的建筑，原本用于训练即将进入学院就读的学生，现在则是成了对所有人开放的宗教静修处所。

　　这两幢建筑物是瓦讷的宗教生活中心，重要性甚至超越了大教堂及其分堂。学院的学生超过一千人，但都不是当地居民，他们居住在邻近学校的寄宿处，位于市集广场或圣伊夫大道上。这里每月举行两次静修会，每次为期八天，吸引了多达两百名男性参与，而为女性所举行的静修会，则是在位于不远处的乌尔苏拉会（Ursuline）女修道院。静修会欢迎所有人参加，没有僧俗之分，但参加者受到的礼遇倒是会因为财富与阶级而有所不同。静修处的一座厢房里，设置了许多宽敞的私人套房，仅供富人使用。主建筑物的一、二楼各有十七间私人房间，沿着中央走道排列，提供给具有一定身份地位的人士使用。三楼的一侧设有一排小房间，每个房间里各有两张床铺，供经济拮据的人住宿。至于真正的穷人，则是睡在走道对面紧挨着排列的简陋床铺。

静修者都在餐厅里用餐，餐点由中央厨房供应，而且也和住宿房间一样有等级高低的分别。八天份的餐点费用可以高达六法郎八苏，也可以只有两法郎十苏。如果支付较高的费用，每天三餐皆由精致的陶器盛装，餐点包括面包、新鲜奶油、葡萄酒、汤，还有炖牛肉、羊肉或小牛肉，再加上甜点和沙拉，在斋戒日则由鱼和蛋取代肉类。便宜的餐点只有陶碗盛装的汤和一盘炖肉。穷人付不起用餐的费用，则必须自己准备食物，在隔壁的一个小房间里用餐。属于穷人的静修者很多，包括低等工匠、学生以及乡间的农民，而且静修处也顾虑到他们的出生地，特别聘请一名会说布列塔尼语的教士，为这些"不通法语的善良百姓"聆听告解。5

胡若望在这里似乎过得很快乐。他言行平和，也协助傅圣泽神父举行弥撒。傅圣泽神父又为他制作了一套新衣服，但不像上次那么昂贵。他请耶稣会学院里一名为学院师生制作服装的弟兄帮忙，用粗布为胡若望制作一套衣服。6

傅圣泽全副心思都投注在自己未来的计划，而且他的计划已演变得极为复杂。由雷诺从路易港转寄而来的信件，确认了傅圣泽在法国的耶稣会上司的命令，要求他到卢瓦尔河畔弗莱什（La Flèche）的耶稣会学院报到，而不要前往巴黎。7然而，他也还有教宗特使嘉乐在中国给他的指示，要求他前往罗马，而这个命令尚未透露给其他耶稣会士知道。他的十一箱书籍都不在手边，而是全被送到了南特。他已答应要到巴黎与比尼昂会面，也还有胡若望的问题要处理。[8]

　　傅圣泽在三封信里倾诉了他的忧虑，一封写给国王的图书馆长比尼昂，一封给国王的告解神父利尼埃（Linières），最后一封则是写给驻在巴黎的教廷大使马塞伊蒙席（译按：Monsignor Massei，"蒙席"为天主教神父荣衔），来自中国传信部的所有讯息都经由他转递。如同傅圣泽向比尼昂指出的，最大的问题似乎在于财务方面。巴黎的耶稣会总部财力有限，所以不愿负担他长期住宿的费用，尤其是他还带着胡若望同行。此外，巴黎的消费水准非常高，傅圣泽自己也负担不起长住的花费。他向比尼昂指出，如果他不必到弗莱什去，那么他会很乐于把胡若望交给比尼昂。[9]

1722 年 10 月 5 日 星期一

南特

　　胡若望与傅圣泽抵达南特已超过一个星期，但事情的进展并不顺利。尽管傅圣泽已获知自己将与印度公司的某一名主管交涉，也亲自从南特市中心跋涉数英里前往公司位于塞辛（Sesines）的仓库，却似乎无法让他的书籍获得公司主管人员首肯通关。[10]

　　实际上，南特对于耶稣会士向来不是特别友善。当初耶稣会最早想在南特成立学校或学院的尝试，都遭到当地居民与大教堂分堂极力阻碍，原因是他们比较偏好其他教派。1663 年，当地居民终于屈服于路易十四的直接命令，允许耶稣会在当地设立建筑，却还是要求他们不得教授文学、哲学与神学等核心课程，不能经营比"疗养院"更繁复的设施，也只能在外围市郊购置房地产，而不能在市中心。至于胡若望与傅圣泽目前在市中心居住的这栋附有花园的大宅第，则是巧妙规避此一禁令，利用中间人的名义，透过巴黎的不动产业者以四万法郎的高昂金额购得。尽管耶稣会也巧妙规避了当地居民对于学校教授科目的禁令，而开设了航海、数学与水道学等课程，认定海外贸易与探索必然需要这些技能。学生都经过精心挑选，对象包括刚从学校毕业的年轻人，以及想要提升自身地位的资深水手。但学生经过两年课程所取得的证书却不被法国海军所承认，而必须再次接受海军举办的测验。1715 年，布列塔尼议会取消了航海学教授的年薪，于是这门课程现在只偶尔开办。在这种令人沮丧的情况下，住在宿舍里的耶稣会士极少超过十人。[11]

胡若望又变得闷闷不乐了。他彻底拒绝协助举行弥撒。他向傅圣泽说教堂里女人太多，这点令他感到不悦。广州的耶稣会士遵循中国习俗，不让女性参与宗教仪式，而且中国人甚至也不让女性公然在街上行走。[12] 不过，傅圣泽认为，胡若望来到法国已有一个半月，理当要逐渐适应法国习俗才对。为了预防胡若望再次出现越矩行为，傅圣泽只让他待在他们寄宿的那座会馆与花园里——空间虽然宽敞，但还是不免有羁束之感。

傅圣泽仍然持续和比尼昂通信。比尼昂在9月24日亲切地写道，如果经费是主要的问题，那么他会设法帮忙支应傅圣泽在巴黎的开销。"至于你的那位中国人，你如果把他送到我这里来，我将会非常开心。我们会供应他的生活，而他如果能够对我们有所助益，那么我会想法把他留在这里。请你以适当的方式和他谈谈这些事情。"[13]

傅圣泽在9月29日写信向比尼昂表示，自己终于向胡若望提起了这件事情："我已询问了那名中国人对于前往巴黎的意见，结果发现他并不愿意和我分开。不过，他还是有可能改变主意。我如果没办法亲自带他去找您，也会设法找个朋友带他过去，把他送到您面前。"[14]

在同一封信里，傅圣泽又向比尼昂吐露了他的心事，顺着对方提及经费不足的话题，谈起自己担心不知名的敌人暗中破坏他毕生的工作。"至于您问我的那个问题，我认为他们之所以决定不让我去（巴黎），不是因为发愿者之家（Maison Professe）缺乏资金——至少这不是主要的原因。我觉得这项决定背后还有其他动机。关于这一点，我目前还无法清楚说明，但我确实认为我可以对您说中国的典籍有许多敌人，不论在中国还是这里都一样。这些典籍的支持者和捍卫者并不太受到那一类人的喜爱。如果我没有猜错，那么这才是他们下达那道命令的真正动机，从而剥夺了我——至少短期内是如此——和您谈论这些古老典籍的荣幸与乐趣。我如果能够与您当面谈话，自然还有许多话要说，但写信就无法如此随兴了。"

傅圣泽在 10 月 3 日写信给驻在巴黎的教廷大使马塞伊，对于自己的困境又说得更加直接，也显得更为烦乱："我身边有个中国人，我当初实在不该带他过来。"前往弗莱什将会彻底破坏他们的关系，但胡若望"只要一听到我提及我们必须分开，就会完全丧失理智，不论我怎么向他说明这么做其实对他有益，他都听不进去"。他该拿胡若望怎么办呢？"他很难相处，不但不懂欧洲语言，而且根本不了解我们的生活方式。他只听得懂我向他说的话，而他也必须透过我转达才能让别人知道他的意向。由这点看来，他不肯在没有我陪伴的情况下前往巴黎或意大利，显然是可以谅解的。"不过，胡若望不是个易于相处的伙伴，个性相当执拗，并不"温驯"。"我在这趟旅程上已经充分见识了他的本性，发现只要强迫他违背自己的意愿，他就会做出各种出人意料的反常行为，我一定要竭尽全力避免引发他这种行为。"[15]

情势的拉锯张力已逐渐超出了傅圣泽所能掌控的。教廷大使要求傅圣泽对他的罗马之行保密，但他如果不透露自己必须奉命前往罗马，就无法违抗前往弗莱什的命令。10月5日，傅圣泽终于下了决定。他写信给耶稣会的法国教省首长让·博丹（Jean Bodin），向他表明自己已经事先承诺要前往罗马。[16]

在那同一天，尽管距离上次写信给教廷大使马塞伊才过了四十八小时，傅圣泽却又写了一封信给他，但没有透露自己已给博丹写了信。[17]他再次重申自己在上一封信里所写的一切，并且重复了其中一大部分。胡若望如果随着他到弗莱什，他的耶稣会同僚一定会不断问他各种问题，届时胡若望必然会透露出他们的罗马之行。"就算我得以摆脱这个中国人，"傅圣泽继续写道，全世界也还是都会知道这趟罗马之行的背景。

信纸上的文字工整又清晰："就算我得以摆脱这个中国人……"

1722 年 10 月 20 日 星期二

南特

　　傅圣泽与胡若望总算要离开南特了。傅圣泽为自己和胡若望在明天的公共驿马车上预订了两个位子。[18] 他们将沿着卢瓦尔河谷前往昂热与图尔，再从那里转往布卢瓦、奥尔良，然后抵达巴黎。

　　傅圣泽疲惫不堪。他花费了许多时间与精力之后，终于让那十一箱书顺利通关，现已经由海路运往勒阿弗尔。他在十二天里写了十五封信，其中半数或是赶不上事件的发展，或是与别人的信件互相冲突，不然就是出现了自相矛盾的内容。而且，他的协商对象已大幅增加。[19]

　　比尼昂要求印度公司的人员把那十一箱书籍原封不动送到巴黎，但尽管他是国王的图书馆长，这项命令本身却还是不够。[20] 检查人员坚持亲自一箱箱查验，尽管这么做不免对货品造成严重损伤，傅圣泽也至少六度前往塞辛观看盘点过程。[21] 此外，检查人员重新封箱的时候不会确认防水措施是否完善，下雨的时候也不会把箱子盖上，更不会修补箱子上损坏的木板。

　　国王的告解神父利尼埃在傅圣泽的警示之下，与国王的新任国务卿迪布瓦（Dubois）枢机主教取得了联系。[22] 尽管这时已来不及阻止检查人员仔细查验那些书籍，但迪布瓦还是得以要求那十一箱书籍在查验过后重新封好，经由海路运到勒阿弗尔，再借由河运送至巴黎。为了确保这些书籍不再遭到侵扰，他下令必须直接送给巴黎警察总监阿尔让松（Marc Pierre d'Argenson）。警察总监这个职衔听起来虽然似乎没什么了不起，却是巴黎治安机构的首长，而且每周都会到凡尔赛与国王及国务卿开会。这么一来，傅圣泽的事务就受到了最高层级的主导。迪布瓦也写信给阿尔让松，指示他在傅圣泽抵达巴黎之后把那些书籍交给他。[23]傅圣泽其实宁可让那些书籍经由陆路沿卢瓦尔河谷运送，因为英吉利海峡在这个季节通常都会出现暴风雨，因此书籍遭到进一步损坏——甚至因为船难而彻底丧失——的风险相当高。[24]不过，卢瓦尔河谷路径的运费昂贵得多，而且反正事情的主导权也已经不在他手中，但至少他和胡若望以及那些书籍，都得以离开南特了。

至于傅圣泽如果需要摆脱胡若望这个令他"难堪"的人物，利尼埃也提出了一项可能的解决方法。夏德修神父（Armand Nyel）是中国传教团的资深成员，回到欧洲已有七年，目前人在巴黎，正准备搭船返回中国。"他一定会很乐于带着那名中国人一起走。毕竟，你把那个中国人留在身边恐怕会造成许多困扰，我可以预见到这一点。"[25]

不过，就算要这么做，傅圣泽也必须先带着胡若望抵达巴黎。

至少这段旅程是确定的。傅圣泽实在不需要在 10 月 5 日写信向博丹坦承他与嘉乐所做的约定，因为博丹早已决定撤除要他到弗莱什报到的命令，而允许他前来巴黎。[26] 这就是其中两封互相冲突的信件。

至于胡若望呢？他处于一种古怪的状态，隔离在那座宽广的花园里。他还是拒绝抄写任何文字。傅圣泽沮丧地指出，他们九个月来共事的成果，就只有一小本的文件抄写内容，许多人都可以在一天内抄写出这样的份量。一天上午，就在傅圣泽主持弥撒的时候，南特会馆的高阶人员奥麦特神父(Aumaitre)无意间望向窗外的花园，发现胡若望跪在花园里，朝着天空高举双手，脸上表情扭曲，发出古怪的呼声。[27] 屋里没有人明白他这样的姿势代表什么意思，也不知道他想说些什么。

1722 年 10 月 27 日 星期二

布卢瓦

从南特到布卢瓦的旅程并不顺利。傅圣泽说胡若望就像脱缰野马，又和他当初前往瓦讷的旅途上一样，在乡间到处乱跑。他只要看到自己没见过的东西，就一定要跳下车去看。他一看到风车，也一定要爬上去研究其结构。[28] 当初他们自己租用一辆马车，就已经对胡若望这样的行为深感头痛，而他们现在搭乘的是公共马车，胡若望的一举一动更是不免引起众人的震惊。

为了遏阻胡若望四处奔跑，傅圣泽于是为他购买了马车后方的座位，远离车门和窗户。不过，胡若望却非常善于借着比手画脚说服其他乘客把门边的座位让给他。他一旦在门边的座位坐了下来，开门跳车就只是迟早的问题了。一天傍晚，随着夜色降临，所有人都担心来不及抵达下一个驿站，于是车上乘客和几个路过的行人用一条绳子把胡若望和马车系在一起，迫使他跟着马车跑。这么做总算让他暂时平静了下来。后来他们为他解开绑缚之后，他就乖乖坐在椅子上，直到抵达客栈才下车。

对傅圣泽来说，每一顿饭都是一场考验。胡若望似乎不明白厨房是外人不得涉足的禁地，反倒如入无人之境，看到餐桌和橱柜上的东西就自顾自拿起来吃。厨房员工一旦向他抗议，他就以高傲的态度用中文反过来对他们叫嚣，然后总是不免引来好奇的群众围观，最后也常常出现拉扯、扭打的场景。有一次，胡若望甚至举起一把刀子自卫。

傅圣泽尽力在事前向别人说明胡若望可能出现的行为表现，但胡若望还是经常有出人意料之举。有时候，他拒绝和傅圣泽一同用餐，不但自己独坐一桌，还要求傅圣泽拿钱给他自己点餐——以比手画脚的方式点餐。天气如果寒冷，穿着长袜和两件内裤的胡若望就会坐在客栈的火炉前，掀起外衣和衬衫下摆以温暖臀部。[29]

傅圣泽不认为自己能够把胡若望带到巴黎的耶稣会总部。他一定会造成丑闻，而傅圣泽最极力想要避免的就是这种状况。[30]他的书、他的研究，还有他在罗马的生活，都会因此受到影响。在这种困境当中，他自然只能找朋友帮忙。他想到了两个他喜欢也信任的朋友：杜赫德（Jean-Baptiste du Halde）与葛拉曼（Leonard Gramain）这两位神父。[31]傅圣泽 1696 年在弗莱什教授数学的时候，杜赫德也是那里的一名年轻讲师，现在则是国王的告解神父利尼埃的私人秘书。葛拉曼是傅圣泽年少时期的好友，在他事奉于中国期间一直持续寄钱给他，供他购买更多的书籍，现在担任奥尔良耶稣会学院的校长。[32]

傅圣泽在必要的时候也能够非常果断。他写信给杜赫德，请他在巴黎为胡若望找个私人住所，接着又订了两个往奥尔良的马车座位，打算带着胡若望先暂时投靠葛拉曼。

1722年11月3日　星期二

奥尔良

　　傅圣泽在夜里动身前往巴黎，完全没有告知胡若望。他相信如果让胡若望知道自己要离开，一定不免又会有一番吵闹与混乱。[33]胡若望一早醒来，得知傅圣泽已经离开，显得讶异又惊恐。葛拉曼神父借由手势比画向他说明傅圣泽不久之后就会派人带他过去。

　　胡若望喜欢葛拉曼，对他颇为信任，对于奥尔良这个地方也相当喜欢。他很乐于在这里等待，在这幢宽敞的耶稣会会馆，围墙内还有广大的花园，以及高耸的教堂。胡若望有许多时间都待在教堂里，其中悬挂着两大幅画：一幅是武埃（Simon Vouet）的作品，画面内容是坐着的圣母玛利亚；另一幅作者不明，画面上可见到荣耀的天主站在地球上。天主身旁伴随着四名象征性的人物，分别代表地球的四等分。[34]

注释

1　前往瓦讷的旅程以及胡若望的行为表现，见 RF 392-393，559。傅圣泽租了一辆"calèche"，作者把"hoqueton"译为仆人。

2　道路与乡间的描述来自作者的观察，以及十八世纪的"卡西尼地图"(Cassini Map)，第 6 张，范围涵盖布列塔尼南岸。

3　傅圣泽（RF 393）补充指出，那名仆人回到路易港之后，把前往瓦讷途中发生的事情传遍了整个城镇。前往瓦讷的旅程只花了一天，当天晚上即抵达目的地，傅圣泽描述于 BAV, Borg Lat, 565, p.131 r。

4　瓦讷大教堂并非建筑瑰宝，只是因为耸立于周遭繁密拥挤的街道当中而显得特别突出。见 P. Thomas-Lacroix, *Le vieux Vannes*, pp.16-22，以及作者赞赏的用词："sa masse trapue"（雄伟的体积），P. Thomas-Lacroix, *Le vieux Vannes*, p.22。

5　瓦讷的学院，Delattre, V, cols.16-18。静修会，Delattre, V, cols. 24-26，以及摘自 col. 25, no. 1 的引文。关于古热担任校长，Delattre, V, col. 20；还有古热的热情迎接，BAV, Borg Lat, 565, p.131 r。

6　傅圣泽在 RF 393 简短提及帮胡若望购买服装，以及胡若望愿意协助弥撒事宜。RF 400 特别强调这套衣服的布料是"d'une étoffe assez grossière"（粗布）。至于这套衣服是"le frère couturier du college de Vannes qui l'acheta"（购自瓦讷学院制作服装的弟兄）一事，则是加在页边的注记，见 BL, Add MSS 26817, p.235 v; BAV, Borg Cin, 467, p.16。这点证实了这两份手稿的日期比外交部档案中由考狄抄录的 RF 来得晚。

7　雷诺转寄的信件于 9 月 19 日送到。BAV, Borg Lat, 565, p.131 v。

8　关于傅圣泽的整体策略，见魏若望，第 256—258 页，以及信件书目，第 378 页。9 月 19 日写给比尼昂的信所注明的书写地点是路易港（BAV, Borg Lat, 565, pp.138-139），但那是傅圣泽的笔误——他当时已经身在瓦讷。9 月 19 日写给利尼埃的信，书写地点就正确标示为瓦讷，见 Borg Lat。

9　比尼昂在 9 月 24 日的答复当中，提及傅圣泽指称自己不前往巴黎乃是因为财务因素：BAV, Borg Lat, 565, p.127 r。至于傅圣泽指称自己愿意把胡若望转交给比尼昂，比尼昂写了一份特别通知给同僚傅尔蒙，日期为 1722 年 9 月 25 日。BN, MS Français 15195, p.94。

10　傅圣泽被告知必须透过南特的 M. Felonceau 使力，也早在 9 月 4 日就写信给了公司人员。BAV, Borg Lat, 565, pp.128 v-129 r, 131 r。关于塞辛的仓库和距离，见 MS Nouv. Acq. Fr. 6556, p.110 r。

11　耶稣会士试图在南特建立势力的努力，详细记载于 Delattre, III, cols. 773-778；水道学课程记载于 cols. 784-785。如同瓦讷的静修处，南特的耶稣会组织也举办开放一般民众参加的静修课程。

12　胡若望因女性参加弥撒而不悦，见 RF 393。关于当时的广州女性完全不得出入公共场所的记载，见夏克，第 188 页。

13 比尼昂在 1722 年 9 月 24 日所写的信，BAV, Borg Lat, 565, p.127 v。

14 傅圣泽在 1722 年 9 月 29 日所写的信，Omont, pp.812-813。

15 傅圣泽在 1722 年 10 月 3 日写给教廷大使马塞伊的信，BAV, Borg Lat, 565, pp.143 v-144 v。作者把傅圣泽所写的"écarts étranges"译为"反常行为"。

16 10 月 5 日，写给博丹的信，魏若望，第 257—258 页与 n. 14。

17 10 月 5 日，写给教廷大使马塞伊的信，BAV, Borg Lat, 565, p.145 v。

18 预订马车，Omont, p.815，10 月 15 日写给比尼昂的信。在 BAV, Borg Lat, 565, p.158 r，傅圣泽提及自己在 10 月 22 日离开南特，并于 25 日抵达图尔。

19 信件清单，魏若望，书目，第 379—380 页。

20 关于比尼昂的要求，见傅圣泽在 10 月 12 日写的信，Omont, p.813。

21 箱子遭受的损坏以及傅圣泽六度前往塞辛，Omont, pp.814-815; BN, MS Nouv. Acq. Fr. 6556, p.110，10 月 15 日的信件，这封信提到傅圣泽已到过仓库四次。

22 利尼埃写给傅圣泽的信，圣洁内薇也芙图书馆，MS 1961, p.9。

23 迪布瓦给利尼埃的信，未标记日期，内容提及木箱与阿尔让松，圣洁内薇也芙图书馆，MS 1961, p.9 v。

24 傅圣泽对卢瓦尔河谷路径的偏好，BN, MS Nouv. Acq. Fr. 6556, p.110 v。

25 利尼埃对于如何处理胡若望的提议，圣洁内薇也芙图书馆，MS 1961, p.8 v。夏德修后来再也没有到过中国（荣振华：《十六至二十世纪入华天主教传教士列传》，no. 592）。

26 博丹的许可，魏若望，第 257—258 页与 n. 14。

27 南特会馆的高阶人员奥麦特，Delattre, III, cols. 779, 793。胡若望下跪高呼，RF 393。

28 胡若望的旅程和客栈，RF 394；傅圣泽试图把胡若望的座位安排在"les fonds"（后方）。傅圣泽在 RF 552 再次强调胡若望研究风车结构的举动。

29 RF 394，傅圣泽把胡若望取暖的方式称为"cette impudente manoeuvre"（不害臊的举动）。

30 傅圣泽认为不该把胡若望带往发愿者之家的理由，RF 395。

31 杜赫德与傅圣泽，魏若望，第 83 页；傅圣泽的信件日期可由 RF 396 获得考证。杜赫德后来成了著名的中国史学家。

32 关于葛拉曼与傅圣泽在 10 月 30 日抵达，RF 395；葛拉曼担任奥尔良学院的校长，Delattre, III, col. 1015。葛拉曼寄送买书钱到中国给傅圣泽——至少六十利弗尔（法郎）——这点记载于 BAV, Borg Cin, 467, pp.161-162。在 RF 560，傅圣泽将葛拉曼称为"intime ami"（亲爱的好友）。

33 傅圣泽私下离开以及胡若望的惊恐，RF 397, 399。由于傅圣泽在 3 日夜里抵达巴黎，因此本书推测他在 2 日夜里从奥尔良出发。

34 关于奥尔良耶稣会教堂里的两幅画，见 Delattre, III, cols. 1007-1008。那位不知名画家的画作带有"Dans le gout de Vignon"（维尼翁的画风）。

第六章

巴黎

1722 年 11 月 25 日　星期三

巴黎

　　胡若望的担忧似乎都获得了抒解。在傅圣泽的要求下，葛拉曼把胡若望送上从奥尔良驶往巴黎的马车，而且他在这趟旅程上也没有闹出任何问题。胡若望热爱巴黎，这才是最重要的事情。他热爱巴黎的一切——那里的喧闹繁忙、气派的私人住宅、教堂的堂皇富丽、塞纳河沿岸的码头、卢浮宫、雄伟的桥梁，还有公共广场。"这里是天堂，"他有一天对傅圣泽说，"这里是人间天堂。"胡若望并不常说这种话。

　　今年 11 月的巴黎，节庆气氛特别浓厚，原因是官方举办了各种盛大的庆祝活动，不但庆祝年轻的路易十五首度接受圣餐礼，也庆祝他即将成年——如此一来，他的叔叔奥尔良公爵将结束摄政，由他真正执掌大权。巴黎耶稣会在稍早之前已为此举办了一场带有中国色彩的芭蕾演出，呈现中国古代圣君禅让传贤而不世袭传子的寓言。过去几周来，也有炫目的烟火燃放及灯饰展出——其中有些同样采用中国风的主题——这一切点亮了法国的夜空。[1]

　　不过，胡若望之所以心绪平和，和他的住处可能也有关系，他寄宿在贝恩斯氏家中，这是一个信奉天主教的英国人家庭。这是杜赫德神父的安排，杜赫德收到傅圣泽从布卢瓦寄来的信件之后，随即办妥了这件事。詹姆斯·贝恩斯（James Baynes）是废位国王詹姆斯二世手下的军官,随着遭到流放的国王来到法国。詹姆斯二世去世之后,贝恩斯还是继续待在巴黎。他已结婚,并且育有一个二十岁左右的女儿。他们完全支应胡若望的食宿,供应他面包、红酒、汤、肉,还有一间私人卧房。实际上,他们供应胡若望的餐饮,品质比傅圣泽支付的金额还高出了二十苏。[2] 傅圣泽原本只是要找人照顾胡若望一个星期,但贝恩斯家并没有限定胡若望的寄宿期限,而且给了他一间"足以匹配体面绅士的套房"。贝恩斯已从杜赫德口中得知胡若望可能会有点古怪,但只要让他好吃好睡,也许再服用一点药物,应该就可以让他恢复正常。杜赫德没有提到胡若望可能出现暴力行为。实际上,杜赫德自己也不确定,因为傅圣泽对这点也语焉不详。

杜赫德认为胡若望之所以会出现古怪的行为,主要是因为水土不服造成身体不适所引起的结果。[3] 如果他需要医疗方面的协助,有个即将前往中国传教团的耶稣会医生将在不久之后来到巴黎,他的医术相当高明。杜赫德有点担心接待胡若望的人士可能"不免被打",但他只和傅圣泽提及这样的担忧。此外,杜赫德也怕傅圣泽秘密离开奥尔良可能会造成胡若望的恐慌,因为这里将没有人听得懂他说的话。不过,这项担忧似乎也没什么根据。贝恩斯一家人当然都不懂中文，但胡若望显然也没有对此感到困扰。他唯一的古怪行为就是把他房间里的寝具和床垫都从大床上搬了下来，并且坚持睡在敞开的窗户底下，但贝恩斯一家人对此并无异议。他有许多温暖的床罩，也会把自己裹得厚厚实实的。

贝恩斯家的住宅就位于发愿者之家后面，介于圣安东大道与塞纳河之间，所以傅圣泽能够不时过来看看他的助手。不过，他实在太忙，所以胡若望也就得以自行探索周围的环境。

发愿者之家是巴黎耶稣会组织的总部，单是那里就有让胡若望探索不完的新奇成果，正位于巴黎的中世纪古城墙前。主建筑物因为有盖拉尔迪尼的两件巨幅画作而显得华丽耀目：其中一幅高达四层楼，可以透过螺旋梯中央的空间观赏，画中描绘着散发荣光的圣王路易；另一幅在北厢房图书馆的天花板，由许多小图组成，内容描绘的都是耶稣会士把福音传播到世界各地的场景。图书馆内收藏的书本都极为罕见，也相当多样化，总数超过两万册。这座图书馆的收藏以耶稣会在 1680 年代至 1720 年间获赠的三批丰厚图书为主。好奇的民众到此欣赏展示品，也会在一年中的每个圣徒纪念日前来凭吊殉道者的版画及插图。此外，这里还收藏了一批罕见的奖章，由前任国王告解神父捐赠，也有各方捐赠的罕见珍奇科学物品，包括一颗鸵鸟蛋、一具变色龙的骨骼、一只天堂鸟标本以及一株复活草。[4]

这里总共驻有三十名以上的教士，还有二十名修士。九名特殊员工负责照顾他们，分别为清洁工、裁缝师、面包师、厨师、餐厅主管、采购员、圣器管理员、药剂师与医师，而且这九人也分别有他们的侍从和助手。这个机构的每月预算约为一千五百法郎，包括橄榄油、面包、红酒、燃料、肉类、煤炭与蜡烛的费用在内，还有其他各种可让生活过得比较愉快的物品，例如烟斗、口嚼烟草与鼻烟（有些人对此深感不以为然），以及热巧克力与咖啡，还有租用马车。在这幢建筑物里，胡若望即可见识到具体而微的法国世界。

走出发愿者之家，只要几步路即可抵达圣路易教堂，也就是巴黎耶稣会士的宗教中心。这座教堂在十七世纪曾经鼎盛一时，每周都有大批群众前来聆听巴黎最著名的传教士讲道，以致教堂预算中的一大笔支出项目就是准备额外的座椅，以及清洗信众的鞋子每天带进教堂的泥土与脏污。现在，这座教堂虽然不复昔日的盛况，建筑却还是相当雄伟，圆顶高耸而壮观，面临圣安东大道的建筑正面不但装饰华丽，还有三道由枢机主教黎塞留（Richelieu）赠与的巨大门扉。

教堂前方的喷泉建于 1707 年，是变迁中的巴黎所出现的一项工程奇观，不但由塞纳河上圣母院桥附近的一具强力水泵推动，而且采用了特殊结构，能够大幅提高水压，让水流得以流经极需用水的邻近地区。

只要往南走一小段路，即可经过圣母玛利亚女修道院而抵达塞纳河。一道小木桥矗立在淤泥上，可以通往卢维耶岛；那里贩售着成堆的薪柴，还有船只停泊在岸边贩售水果与干草。在兵工厂宽敞的公共花园前，河流沿岸有一片边缘种着一排排大树的空地，可以见到许多人以租来的木槌在空地上打槌球。要是对这样的景观感到厌倦，那么卢维耶岛与圣母院岛之间还有圣保罗港，大型船只都在这里卸载红酒、石灰、木材、鹅卵石与煤。公共客船从这里出发，航向勃艮第与欧塞尔。驶向这两个地点以及前往里昂的陆上马车也由邻近的桑斯公馆（Hotel de Sens）发车。五拱的玛丽桥连接了北岸与圣母院岛，两侧都盖着多层楼的房屋。桥畔停泊着贩卖淡水鱼的水上船只商店，不论日夜，几乎随时都可买到鲜鱼。

往东方，胡若望可以沿着圣安东大道漫步，而且这里是圣安东大道最宽敞的一段。经过右侧的圣保罗教堂与左侧通往皇家广场的洁净大道之后，即可抵达圣安东门，两侧各有造型奇特的尖塔。在大门右方，可以看到巴士底监狱的八座圆形高塔耸立在高墙内；左方则是古城墙的长壕沟，可以见到十字弓弩手与火绳枪手在里面练习射击。

正前方，经过弃婴医院，穿越平缓的田野，田野间有几栋大房子正在兴建，之后即可见到一条尘土弥漫的道路，通往沙朗通。[5]

就在胡若望四处探索的同时，傅圣泽仍然一如往常，有着忙不完的事情。他必须和教廷大使会面，讨论罗马之行的细节，并与住在罗马的耶稣会总会长坦布里尼神父（Tamburini）确认他的计划。此外，他也和杜赫德神父及夏德修神父进行了多次的长时间讨论，其中杜赫德对中国深感兴趣，夏德修则是据说将在不久之后前往中国，而且利尼埃说如果必要的话，他会很乐意带着胡若望一起走。然而，夏德修其实已经改变了计划，似乎已根本不打算前往中国，至少短期内不会。他和杜赫德仔细询问了傅圣泽对中国礼仪的观点，以及他认为中国古代典籍有哪些重要性。傅圣泽知道他们会把他的说法转达给罗马方面，而由于他的观点在许多人眼中都显得怪异又充满争议，因此他也就回答得非常完整也非常谨慎。[6] 他指出，中国人缺乏一项关键知识，因此无法彻底理解他们自己的古代典籍，而此一关键知识就是对基督教奥义的理解。身在中国的其他基督徒传教士当然懂得基督教奥义，但他们却不知道那是关键所在，所以，他们才会无法明白傅圣泽的观点。

傅圣泽接着指出，至于中国人的祭祖礼仪，虽然许多耶稣会教士都倾向于将其视为伦理习俗而不是宗教崇拜，但教宗已将其宣告为迷信行为，傅圣泽也接受这样的评断。不过，傅圣泽也表明自己了解这个问题其实有其细微的模棱两可之处。他遇见过许多非常聪明的中国人，都不相信祖先的灵魂存在于牌位里。举例而言，一个家族的成员也许散布于中国各地，却能够在不同地点同时祭拜他们的祖先。祭祖礼仪的效力来自于祖先的精神，而不是牌位本身。傅圣泽认为中国人的祭祖礼仪终将获得罗马接受为仅是一种民俗与政治性的仪式。这样的决定并不会与傅圣泽的基本信念抵触，亦即中国人在远古时代曾经崇拜过基督教的神。傅圣泽身在中国期间，就明确注意到中国皇帝的公开典礼与平民百姓的各种仪式极为不同。他认为自己的特殊贡献，就在于发现了中国皇帝与教宗之间的一个中间点，能使双方都感到满意，从而重新开启在中国传播基督教的大门。

傅圣泽的心思全放在罗马。他已接到要求他尽速赶去的命令，而他也在脑子里思考过了各种前往罗马的方式。尽管马赛的瘟疫已正式宣告结束，那里的主教也下令所有教堂重新开放，但疫情仍余波荡漾，因此他不可能从马赛搭船往南航行，也不可能翻越南阿尔卑斯山脉到意大利的皮埃蒙特。傅圣泽查看了比较偏北的路线，亦即搭乘马车行经斯特拉斯堡，并且为他自己与胡若望暂时订了两个位子。不过，他的十一箱书还没运到勒阿弗尔，而且他也还没拿到有效的护照。只有国务卿迪布瓦能够发放护照，但他似乎毫不着急。另外还有一个可能的方法。他的书籍一旦运到勒阿弗尔，他就可以把胡若望先送过去，自己稍后再与他们会合，这么一来，他就可以和胡若望以及那些书籍一起搭船出海，经由英吉利海峡与直布罗陀海峡前往意大利，避开疫区，也许在里窝那上岸。傅圣泽询问胡若望对这项计划有什么意见。胡若望当然不清楚欧洲的地理细节，但对于他们即将前往罗马却似乎相当开心，认定自己总算能够见到教宗了。[7]

傅圣泽没有时间带胡若望游览巴黎，但负责协调法国耶稣会远东传教团的奥瑞神父自愿接下这件工作。[8]奥瑞对胡若望颇感兴趣，希望能够让他开心。他派遣自己手下的一名秘书带胡若望到城里四处游览，前往外国人可能会感兴趣的各个景点。他们已约定 11 月 27 日星期五出游。

1722年11月27日　星期五

巴黎

　　胡若望一定是迷路了。他没有回到贝恩斯家，也没有人知道他在哪里。[9]

　　一如约定，奥瑞神父的秘书早上来到贝恩斯氏住宅与胡若望会面，然后带他出外观光。他们来到杜伊勒里宫西侧欣赏那里的展示品，结果围观群众突然一阵骚动，他们两人一时分心就走散了。那名秘书到处寻找，却完全找不到胡若望的踪迹，只得只身回来。

　　贝恩斯一家人深感担心，随即通知了傅圣泽。傅圣泽也很焦急，于是留言告知巴黎警察总监阿尔让松。阿尔让松的住处离发愿者之家不远，在旧寺院街上，所以要留言给他并不难。[10] 阿尔让松接着又通知了夜间负责巡逻街道与教堂的守望巡逻队，要求他们注意是否有中国人在外游荡。

　　守望巡逻队是巴黎的一项重要特色，队员共有一百五十人，他们购买此一职位，然后慢慢回收这项投资，一方面是每年可领取相当于购买价格百分之五的薪饷，另一方面则可获得市政府给予免税优待与特殊退税。约三分之一的队员骑马，其他人则是徒步巡逻。

　　可以想见，他们的生活一方面颇为乏味，每天从事琐碎的例行公事，不时执行礼仪性的职务，偶尔又会遭遇重大事件与危险。近年来，他们承担的风险变得特别高，原因是有一群恶名昭彰的抢匪与凶徒在巴黎肆虐，头头是个外表迷人的年轻浪子，叫做"卡杜什"（译注：Cartouche，意为"弹药包"）。这群恶徒打扮得精悍利落，随身携带他们的招牌配备：一根造型优雅的手杖，顶端有个金属圆球，用力一击就足以把人的头骨打碎。他们横行于巴黎已有数年之久。卡杜什本身虽然被人出卖而在 1721 年与他的弟弟一同被公开处死，帮派成员却仍然活跃，不时遭到守望巡逻队逮捕。这些匪徒经过快速审判后就会被处死、流放至大帆船上，或者烙上印记，而且每次一逮捕常常就是五十人以上。[11]

守望巡逻队也有比较简单的任务，例如在巴黎的街道上清理出一条跑道，好让萨扬伯爵（Comte de Saillant）能够落实他的疯狂赌注，在六小时内骑马来回尚蒂伊两次，由法国国王的王室天文学家卡西尼（Cassini）亲自计时。[12] 借着沿途更换二十七匹坐骑，萨扬漂亮地赢得了这项赌注，骑完之后时间还剩下二十多分钟，一万法郎就此落袋。而且，他在途中还曾有一名守望巡逻队员无意间闯入跑道，差点害他从马上跌下来。除此之外，守望巡逻队最近刚穿上全套礼服，迎接威尼斯的使节来到巴黎，同时也帮忙壮大年轻国王的随从阵容。[13]

重点是，守望巡逻队对巴黎了若指掌。如果说有人找得到胡若望，那一定就是他们了。这项任务应该不会太难。毕竟，就我们所知，胡若望是巴黎城里唯一的中国人。

1722 年 11 月 28 日　星期六
巴黎

　　胡若望回到了贝恩斯家。守望巡逻队在凌晨三点找到他，就在他们彻夜搜寻即将结束之际，他们发现他坐在"小屋"（Petites Maisons）医院大门外的石阶上。那里位于塞纳河南岸，巴黎的西区。他们总算把他带回他的住处，也获得丰厚的报偿。[14] 那是个酷寒的夜晚，胡若望全身都冻僵了，衣服也肮脏不堪。

　　事后推测起来，胡若望与奥瑞的秘书走散之后，似乎在城里到处乱走，穿越了塞纳河，在南岸迷宫般的街道中迷了路。既然他是在小屋被找到的，那么他可能是经由皇家大桥过河，沿着巴克路走到塞夫尔路。没有人知道胡若望在凌晨三点之前的这段时间是怎么过的，但他绝对看到了巴黎的另一个面向，而这是他先前不曾见过的。守望巡逻队在这个时期的记录，详尽记载了他们逮捕对象的悲惨模样：包括乞丐、雏妓、跛子、自杀未遂者、醉鬼、到处砸窗户的无赖、流浪汉，还有各种行业的失业者。[15] 弗朗索瓦斯·汉妮林（Françoise Hanelin）或苏珊·加朗（Suzanne Galland）在与瑞士卫队的士兵调情之前，有没有找上胡若望？皮埃尔·巴热（Pierre Bajet）有没有向胡若望兜售他那镶着伪宝石的伪金戒指？玛格丽特·奥热雷（Marguerite Orgerot）有没有在他面前摇动铁杯，尽管胡若望听不懂她说的语言，还是向他谎称杯里的钱是为了救济监狱里的贫穷囚犯？这些贫寒无助的可怜人绝大部分都来自巴黎，但也有些来自法国的偏远地区，甚至来自国外，包括佛兰德斯、皮埃蒙特与瑞士。不过，没有一个人的家乡比胡若望更远——胡若望，传道师，看门人，也曾经担任中国典籍的抄写员。

看到胡若望回来，傅圣泽虽然松了一口气，却不认为他的状况适合在星期一与教廷大使见面。这场会面事关重大，因为马塞伊蒙席希望亲眼看看胡若望，以便确认他的确已准备好前往罗马事奉。[16] 于是，傅圣泽写了一封信给教廷大使的豫审官罗塔（Abbé Rota），概述了胡若望的遭遇，强调胡若望浑身肮脏、粗心大意，也没有体面的衣服可穿，希望对方允许胡若望不必出席。不过，教廷大使回绝了这项请求，要求胡若望一定要依照原先的约定出席。罗塔在回信中写得较为委婉："我已将您的信转交给侬斯先生（M. le Nonce）看过，他希望能在星期一见到那名中国人，不论状况如何都没关系。而且他也指示我向您转告，那名中国人如果不懂得爱惜物品，就没有必要为他换上较为体面的衣物。"

1722 年 11 月 30 日　星期一

巴黎

　　胡若望与教廷大使马塞伊的会面并不顺利。带着胡若望前往大使住处的不是傅圣泽，而是三天前在杜伊勒里宫弄丢了胡若望的那名奥瑞神父的秘书。这名秘书将胡若望交给罗塔，罗塔接着将他带到接待室。傅圣泽就在那里与他们会面。

　　接待室里满是教廷大使的随行人员，包括神职人员、俗民绅士与听差。胡若望看到墙上的十字架，随即趴伏在地上不断磕头，完全无视于旁人的讶异，而傅圣泽则是忙着向他们说明这是中国人表达虔诚的方式。传教士希望中国信徒只在中国境内而且在耶稣受难日当天才行使磕头礼，但信徒有时候也会因为一时激动而在其他时刻做出这样的举动。[17]

　　面对大使本身，情形也没有改善。胡若望由傅圣泽带领到大使面前，但还来不及打招呼，就先打量了房间里为他们三人准备的扶手椅，并且认为椅子的安排并没有对教宗本人所指派的代表呈现出应有的尊重，但他倒是正确猜出了谁是教廷大使，于是高喊一声："大主教！"然后在其他人来不及出手阻止的情况下，就立即把大使的椅子拉到他所认知的房间主位。接着他又把另一张椅子拉到第一张椅子的旁边，敦促傅圣泽坐下。"至于我呢，"胡若望摆好了椅子之后说道，"我就待在这里。"然后谦卑地站在房间的另一端，看着傅圣泽与大使坐下来开始谈话。傅圣泽再次解释了胡若望这项举动所带有的仪式性意义。教廷大使来到巴黎才一个多月，而且不到两周前才刚与年轻的法国国王首次会面，他非常重视自己的尊严，对胡若望的举止一点都不觉得有趣或动人。[18]

　　他们的谈话很快就结束了。胡若望获准退下，被送回了贝恩斯氏的住宅。

1722 年 12 月初

巴黎

　　胡若望有一夜梦到自己的母亲去世了。他非常伤心，贝恩斯一家人和傅圣泽一再向他说那只是一场梦，他其实无法确知梦境的真实性，但胡若望根本听不进去。房屋里每天都回荡着他的哀哭声。[19]

　　压力的征象到处可见。胡若望的房间脏乱不已，家具散置各处，但贝恩斯家的女儿进来帮他整理，却反倒遭到他愤怒相对。他甚至一度威胁要打人，就这么逼迫贝恩斯小姐离开。他对待贝恩斯太太的态度也没有好到哪里去，于是贝恩斯一家人只好派人向傅圣泽请求忠告。傅圣泽也不知道该怎么办。他认为一般的简单疗法已无法治愈胡若望，不论是放血、药膳或改变饮食都没有用。贝恩斯先生有一天因为公事必须外出，担心胡若望在他外出期间出现不可预期的行为，于是把他锁在房间里面。胡若望把门撞开，傅圣泽只好出钱把门修好。另一次，贝恩斯则是用马鞭抽打胡若望。[20]

　　胡若望也不再愿意协助傅圣泽主持弥撒。这原本是他们唯一能够和乐相处、共同表达内心虔诚信仰的时刻，当初虽在南特中断，后来再度恢复合作，现在却又无以为继了。

　　耶稣会的大教堂不但典礼仪式最为庄严、装潢最为宏伟、银器与圣坛缀饰也最为华丽，而且路易十三、路易十四与孔代亲王（Prince de Conde）的心脏都防腐保存于神龛里，证明耶稣会过去的权势有

多么大，又有多么受到王室的眷顾。[21] 然而，现在胡若望对其富丽堂
皇却避之唯恐不及。傅圣泽把他召唤到圣器收藏室，要求他解释自
己的行为。胡若望虽然听命前来，却不肯回答傅圣泽的问题，反倒
说自己在拼花木地板上看到许许多多的十字架图案，而左闪右跳地
跃至门口，以免亵渎那些神圣的木地砖。[22]

　　现在，胡若望说贝恩斯家的餐点太过丰盛，他不需要吃那么多。
他又提出了当初在路易港说过的话，声称他想要行乞。[23] 他想一路行
乞而走遍法国。他偶尔会离开贝恩斯家的住处，而向路人乞讨金钱。
如果有善心人士给他几个硬币——有些人确实会这么做，因为胡若
望看起来相当引人注目——他就会买面包塞在口袋里，一面走路一
面嚼着吃，漫步在街道或广场上。

1722 年 12 月下旬

巴黎

早日出发循海路前往罗马的希望又再次破灭了。傅圣泽听闻印度公司拒绝把他的十一箱书留在勒阿弗尔等待他与胡若望前来，而是在国务卿迪布瓦的命令下全部经由塞纳河运往鲁昂，再转送到巴黎交由警察总监阿尔让松保管。[24] 傅圣泽的研究工作被迫陷入停滞。

傅圣泽与胡若望倒是有了一刻心灵上的亲近。自从胡若望从孔蒂亲王号下船以来，他首次表示自己想要告解。傅圣泽随即答应了。举行这场告解的程序颇为繁杂，原因是巴黎大主教诺瓦耶枢机主教（Cardinal de Noailles）在几年前因大学及教会里的耶稣会反对者的强烈要求，而下令禁止发愿者之家的教士在巴黎地区内聆听信徒告解。这是一项全面性的禁令，因此就连年轻的法王路易十五想对自己的耶稣会告解神父利尼埃告解，他们也必须到沙特尔（Chartres）教区。因此，傅圣泽只好向巴黎大主教请求特许。诺瓦耶枢机主教看在告解人是个中国人的分上，特别准许了他的请求。[25]

傅圣泽严守告解的保密守则，所以胡若望在告解中所说的话并未留下记录。不过，我们倒是知道胡若望自己找出了消磨时间的方法。他在自己位于贝恩斯家的房间里暗中制作了一面鼓。这面鼓不大，直径约十五厘米。他也制作了一面宽三十厘米的小旗，在上面写了四个中文字："男女分别"。完成之后，他自豪地将作品拿给傅圣泽看。傅圣泽嗤之以鼻，认为那只是小孩玩意儿，但不认为自己应该没收这些物品。他不晓得胡若望做这些东西有什么用途。

接下来的一个圣徒纪念日上，胡若望带着那面旗子和小鼓外出，一手挥旗，一手打鼓，从发愿者之家走到隔壁教区的圣保罗教堂。一群巴黎人受到鼓声吸引，又看到胡若望击鼓前进的奇特景象，于是跟在他身后。在圣保罗教堂雄伟的大门前，在那间教堂高耸又风格鲜明的三座高塔下，胡若望开始宣讲了起来。他以中文说教，一面挥舞着旗帜强调他的论点。聚集的群众人数相当多，也听得很专注，并且不断鼓舞他继续说下去。[26]

带着旗子和小鼓到圣保罗教堂已经成了胡若望的习惯。他似乎乐于受到众人的瞩目，对于能够把自己的理念传播给那么多人深感开心。但几天之后，傅圣泽却开始感到惊慌了：在冉森主义（Jansenist）宗教狂喜盛行的时空背景下，具有煽动群众嫌疑的人士做出这种讨好群众的行为，正是国家最不乐见的现象，因此可能遭到有关单位的迅速逮捕与惩罚。这比在公共场所行乞还要危险。傅圣泽正在凡尔赛洽谈他的护照与书籍，实在无法忍受再有更多的丑闻，尤其是利尼埃的讲道吸引了上流社会的群众前来耶稣会教堂，因此胡若望惹出的任何事端都将立即传遍整个巴黎。[27]于是，傅圣泽嘱咐贝恩斯趁着胡若望分心从事其他事务的时候，偷偷取走他的鼓和旗子，加以毁坏丢弃。[28]

胡若望没有再制作另一套旗和鼓。他似乎深感沮丧，完全提不起精神。

1723年2月21日　星期日
巴黎

　　胡若望再次失踪了，而且至今已长达一个星期。这次的情形和去年11月完全不一样，当时他只是在城里游荡了一天一夜，而使得他寄宿处所的主人虚惊了一场；但这次他却是消失无踪，在庞大的巴黎城里完全没有留下一点踪迹。天气很不好，不但冷，而且连日都下着大雨。[29] 就大家所知道的，胡若望身上并没有钱。他除了带走一小包私人物品之外，也没有从房间里拿走其他任何东西。

　　傅圣泽对于是否该再次麻烦警察总监阿尔让松犹豫不决。他们近来针对他的书籍而一再互相通信，但沟通情形并不顺利。那十一箱书在1月底送达巴黎，交到了阿尔让松手上，但国务卿迪布瓦却禁止傅圣泽把这批书带到罗马。国王的图书馆长比尼昂显然把傅圣泽先前的提议完全当真，而有意将这批书据为己有，纳入国王的图书馆收藏。一如许多善于操弄别人的人，傅圣泽根本没想到自己其实被比尼昂玩弄于股掌之间，在他的引导下自行提议将藏书献给国王。比尼昂一方面对他的"索隐派"（Figurism）论点提出和善的回应，同时却将他的书信一一收存起来，以供日后利用。

　　比尼昂早就对胡若望丧失了兴趣。在他与友人傅尔蒙教授的私人通信里，他说只有在胡若望"不再完全没用"的情况下，他才有可能雇用他。至于傅圣泽的观点，他则是在信中向傅尔蒙指出："世界上从来没有这么缺乏根据的论点。"因此，"我认为我们如果放任他随心所欲，应可对我们有用。"傅尔蒙对此表示犹豫，比尼昂于是督促他放手去做："我完全不了解你的顾忌。我不愿认为有人会想要阻碍我们的计划。"比尼昂所玩的游戏相当复杂，后果对傅圣泽来说更是严重，因为这攸关他过去二十五年来的心血。[30]

傅圣泽总算鼓起勇气向阿尔让松告知胡若望再次失踪的消息，于是阿尔让松也再度通知了守望巡逻队。他们这几个星期忙碌不已，必须护送国王前往杜伊勒里宫与卢浮宫正式宣告他的成年，并且监控前来观礼的庞大群众——群众的热情完全没有受到天气的影响——也必须确保烟火的施放不至于重演月初的火灾意外。不过，尽管有这么多的工作，阿尔让松却还是非常重视胡若望的失踪事件，指派督察路易·杜瓦尔（Louis Duval）负责找寻胡若望的下落。如果有人找得到胡若望，必然就是杜瓦尔。他曾经担任骑警巡逻队的指挥官，率领四十三名骑警巡逻维护巴黎的治安。现在，他是"港口巡卫队"的队长，领导一群步兵巡逻河港与巴黎城里的储备物资与仓库。所有的督察都接受警察总监的指挥，而且在城里各自都有自己的线民，对于旅社、寄宿房舍、妓院、二手货摊贩与赃物卖家都了若指掌。这里是他们的地盘。[31]

搜寻行动展开之后，守望巡逻队与杜瓦尔在巴黎城内各地找到了许多流浪汉与游手好闲的混混。其中一人假装丧失双臂以博取同情，结果在小圣安东教堂遭到逮捕；一名守望巡逻队的前队员，现在反倒在一家商店造成骚乱；有一名装着一支假腿的男子失去了担任裁缝师的工作，只能乞讨度日；一名来自第戎的三十九岁教师在夜里的大街上游荡，显然不晓得自己身在何处；还有一个十一岁的男孩，因为拿刀割伤一匹马的大腿而被逮捕。守望巡逻队甚至还找到了一个公认的疯子，名叫吉勒斯·勒努瓦（Gilles Lenoir），他是个二十五岁的布列塔尼人，曾被关在医院里，后来获得释放。[32] 不过，他们就是找不到胡若望的踪影。

注释

1 胡若望对巴黎的喜爱，RF 398。法国国王的第一场圣餐礼与耶稣会举办的芭蕾演出，《信使报》，1722 年 8 月，pp.201-203, 164。11 月 5—10 日的烟火施放，《信使报》，1722 年 11 月，pp.109-122。

2 关于贝恩斯及其女儿，RF 397, 402，以及卡第纳里的证词，RF 569。餐饮品质比最低标准高出二十苏以及房间大小，RF 402。

3 杜赫德持平看待胡若望的问题，可见于他在 10 月 30 日与 11 月 1 日所写的两封信，RF 396-397。

4 发愿者之家的基本资料来源为 Delattre, III, cols. 1259-1287。Germain Brice, II, 183-187, 192-193 简要描述了发愿者之家及其图书馆，描述了喷泉。其他细节主要参考自 Louis Blond, *Maison Professe*, pp.24-53, 77-89, 96-97。教堂的昔日盛况生动描写于 Jacques Wilhelm, *Au Marais*, pp.109-126。珍稀收藏品罗列的描写，Jacques Wilhelm, Au Marais, p.115。

5 关于胡若望在巴黎马雷区可轻易步行抵达而看到的各个面向，Curiositez de Paris, I, 331 描述了卢维耶岛的市场与一场要价八索尔（sol）的 "Mail"（槌球）游戏；341 描述了圣保罗港的河上市场与公共客船；321 与 324 描述圣安东门与十字弓射击场；324 描述沙朗通路的景观。圣安东门另见 Germain Brice, II, 233；沙朗通道路见 241。

6 杜赫德与夏德修的谈话记载于魏若望，第 261—262 页。这些谈话的日期无法确知，但似乎始于胡若望得罪教廷大使之前，否则傅圣泽的态度应该会保留得多。见他对于自身微妙立场的阐述，RF 404。

7 傅圣泽的旅行计划记载于 RF 405。他说自己在 11 月 4 日身在巴黎之时就已开始构思自己的旅程。实际上，他的书要是能够及早通关，他当初就会从路易港直接前往罗马。关于瘟疫警报的正式取消，相关细节可见于《信使报》，1722 年 7 月，第 176、206 页以及 1722 年 9 月，第 52—64、114—118 页。

8 奥瑞神父的协助，RF 398-399。

9 胡若望外出与失踪，RF 398-399。

10 阿尔让松的住处，Curiositez, I, 304; Brice, I, 第 1 页对页的地图，40 号建筑物。

11 关于卡杜什帮派分子遭到逮捕的记录，见《信使报》，1722 年 6 月，第 140 页；1722 年 7 月，第 185—191 页；1722 年 8 月，第 220—223 页；以及 1722 年 9 月，第 192 页。Williams, *Police of Paris*, pp.66-84，详尽介绍了巴黎的守望制度，令作者获益良多。不过，此处描写守望巡逻队的活动，和他的结论中指称守望巡逻队在十八世纪初已不再活跃的说法似乎相互矛盾：Williams, *Police of Paris*, p.70。Curi-ositez, I, 374-375 也简短提及守望巡逻队，该组织在十八世纪的广泛职责也分析于 Jean Chagniot, Le Guet et la garde。

12 萨扬伯爵惊人的赌注，以及守望巡逻队与卡西尼扮演的角色，《信使报》，1722 年 8 月，第 197—199 页。

13　威尼斯的使节与守望巡逻队，《信使报》，1722 年 9 月，第 186 页。

14　胡若望被人寻回一事，RF 398。这份清单参考自警察总监阿尔让松的"警察检讨大会"，1722 年 12 月 15 日，星期二，AN Y9423。警察检讨大会每个月举行一至两次，Williams, pp.28-36，这些遭到逮捕的人应该都是在 11 月下旬被捕的。

16　教廷大使的回信，RF 399。他希望亲眼见胡若望的理由，RF 400。

17　教廷大使接见，RF 400-401。

18　教廷大使在 10 月 9 日抵达巴黎，《信使报》，1722 年 10 月，第 156 页。初次接见，《信使报》，1722 年 11 月，第 189 页。

19　胡若望梦及母亲去世，RF 402。胡若望的哀痛表现极为引人侧目，戈维里在两年后抵达巴黎还随即听闻了这件事情，BAV, Borg Cin, 467, p.168，忆述于戈维里 1725 年 10 月 15 日的信。

20　房间以及房门遭到破坏，RF 402-403。在 RF 569，卡第纳里提出了令人讶异的说法，指称胡若望"voulant batter la fille de son hôte"（想殴打主人的女儿），以致贝恩斯"obligé de le menace et [le] battre avec un fouet, l'enfermer dans un cabinet et le garder à vue"（不得不以鞭子威吓及抽打他，把他锁在房里，还得紧盯着他）。

21　弥撒与圣器收藏室的事件，RF 401。圣路易教堂附属于发愿者之家，许多资料都提及其华丽宏伟。Constans, L'Eglise，收录有精美插图。另见 Brice, II, 170-186，其中对教堂正面评价甚高，以及 Curiositez, I, 307-312; Blond, pp.64-71。

22　作者在 1986 年亲自走访圣器收藏室，注意到其拼花地板似乎仍是十七世纪的原始铺饰，而且地板上的花样的确呈现出一个个的十字架——如果观者愿意这么看的话——原因是每一片方形木板都环绕着不同长度的细长木条，因此就视觉效果而言，确实可以把拼花地板的每一块中央方块看成一个大十字架，旁边伴随两个较小的十字架，就如当初耶稣受难处的那三具十字架。

23　丰盛的餐点与胡若望的乞讨行为，RF 402-403。在 RF 402 一段尖酸刻薄的评语中，傅圣泽指称胡若望在贝恩斯家的饮食确实比在中国来得好，因为中国一般人的饮食乃是"du riz cuit à l'eau, du thé grossier et des legumes assaisonnes avec une huile pestilente"（加水烹煮的稻米、粗茶与蔬菜，并以臭油调味）。

24　运往鲁昂的书，RF 405。

25　胡若望的告解，RF 404。关于耶稣会的禁令与利尼埃，见 Delattre, III, 1217-1218, 1276。

26　胡若望的小鼓和旗帜，RF 403。圣保罗旧教堂在 1799 年拆除，但有一幅版画翻印于 Constans, L'Eglise, illus. no. 4。胡若望的行为正合乎 B. R. Kreiser 在 Miracles, Convulsions and Ecclesiastical Politics 一书中生动描写的宗教狂喜与在狂喜状态下演说或呼喊的现象。关于 1730 年代热情奔放的巴黎青年，见达恩顿（Robert Darnton）的杰出论文：《工人暴动》（Workers Revolt），收录于他的著作《屠猫记：法国文化史钩沉》（Great Cat Massacre）。

27　利尼埃向摄政王奥尔良公爵的母亲致敬而举办的礼拜吸引了上流社会的群众，可见于《信使报》，1723 年 1 月，第 192 页。

28　傅圣泽的用词突显了他认为没收小鼓与旗帜的行为乃是一项鬼鬼祟祟的举动："par adresse, on enleva secrètement à Jean Hou [John Hu] sa bannière et son tambour"（胡若望的旗子与鼓被偷偷取走），RF 403。关于凡尔赛的敏感交涉，见魏若望，第 259 页。

29　天气与胡若望的失踪事件，RF 406，其中指称胡若望离开的日期是 2 月 12 或 13 日。在 BL, Add MSS 26817, p.241 v，傅圣泽将日期更正为"14 或 15 日"。

30　阿尔让松在 2 月 2 日针对书籍事宜写了一份短笺给傅圣泽，指称书籍在上周三送达（即 1 月 27 日），"真实叙述"在 BL, Add MSS 26817, p.241 v 添加了这一点的边注，但这份短笺没有收录在，RF。针对书籍而从事的其他协商，魏若望，第 259 页；第 283—284 页，n.89 的长篇讨论稍微搞混了原本那几箱书的问题。比尼昂的计谋记载于他写给傅尔蒙的那些措词强硬的信件里，见 BN, MS Francais 15195，第 94 页（1722 年 9 月 25 日）；第 95 页（1722 年 10 月 4 日）；尤其是第 97 页（1722 年 11 月 3 日）。第 101 页的信件（1723 年 3 月 25 日）写于胡若望失踪的一个月后，内容更是露骨："你一定要把他（傅圣泽）的信件保存下来，将来我才能借此向他要求那些书。"关于傅尔蒙，见 Lundbaek, *T. S. Bayer*, pp.87-90, 104-06。

31　RF 406-407，阿尔让松在 2 月 23 日写信给傅圣泽，指称已向杜瓦尔下令，但傅圣泽与阿尔让松在这次似乎都不焦急。关于杜瓦尔的经历，见 Williams, pp.71-72，以及他对督察的整体讨论，第 95 页（第 101 页表列了督察的各项职责，但仅是就 1750 年之后而言）。Chagniot, "Le Guet", pp.59-60，其中提到杜瓦尔的职业生涯极为顺利。关于守望巡逻队在 2 月下旬的活动，见《信使报》，1723 年 2 月，尤其是第 379 与 382—390 页。

32　此处提到的人物以及其他被捕并且提出于"警察检讨大会"的人犯，都记载于 AN Y9423, "Estat des Personnes", 1723 年 2 月 26 日（11 pp.）。学校教师（Claude Arme）在太太具结之后获释，因为她证明了他的纳税人身份（son Mary est a la Capitation），记载于第 2 页。挥舞刀子的十一岁男孩（Pierre Laisne）记载于第 6—7 页。可惜这个条目的记载并不完全。吉勒斯·勒努瓦记载于第 2 页——他 "l'esprit allienné"（精神不正常）。

第七章

奥尔良

1723年2月20日　星期六

奥尔良耶稣会宿舍

葛拉曼神父写了一封信给杜赫德神父：

亲爱的神父，愿主的和平与您同在。由于我不知道傅圣泽神父是否已经前往罗马，而且杜泰尔神父又对我说他认为奥瑞神父目前不在巴黎，因此必须请阁下原谅我向您提起我们遭遇的困境，而且此一困境对于所有关注中国传教团的人士都密切攸关。

昨天晚间七点，我们讶异地在门口发现傅圣泽神父带来巴黎的那名中国人。他的悲惨状况使我们深感同情，于是我们收留了他。可是我们完全不晓得该拿他怎么办，又完全不理解他说的话或比划的手势，以致无法明白他为何离开巴黎，又想到何处去。不过，明显可见的是，他来到这里并未携带任何说明信件，而且由他的双手来看，他必然是在不幸的状况下逃出来的。此外，由于他一再提到"中国"与"北京"，还有"罗马"与"教宗"，因此我们猜测他可能想前往罗马，再继而返回中国。

亲爱的傅圣泽神父如果身在巴黎，烦请您转告他尽快让我们知道他希望我们怎么做。请他写信给我，和先前一样用我们的字母写出中文，再附上法文翻译，让我知道该对这个不幸的可怜人说些什么。

　　傅圣泽神父如果已经离开，也请您立即对我或是连同奥瑞神父下达指令。我会尽可能照顾这位不幸的中国人，直到收到您的指示为止。不过，我担心他也会逃离我们，除非他在来到这里的途中所遭遇的种种苦头，足以阻止他踏上另一场这样的旅程。

　　敬爱的神父，希望您能立即回复。

　　葛拉曼敬上 [1]

1723 年 2 月 24 日　星期三

奥尔良

胡若望想要立刻返回巴黎。他已经把自己的物品打包完毕，宿舍管理人维亚纳神父（Viane）才发现他，把他带回了他的房间，要求他解开包裹，并且借着手势比划要他耐心等待。[2] 不过，要看住胡若望是相当棘手的一件工作，因为宿舍里没有能够把胡若望关起来的地方。他如果真的想要逃跑，宿舍方面恐怕无能为力。

傅圣泽依照葛拉曼的请求寄来了一封中法文对照的信件，结果却使得胡若望更加焦虑。葛拉曼照着信中的拼音大声念诵，内容指出傅圣泽将在不久之后动身前往罗马。胡若望对于傅圣泽打算抛下他而独自出发显然惊恐不已。[3]

傅圣泽已向警察总监阿尔让松告知胡若望人在奥尔良，因此在巴黎城内找寻他的行动也已经取消。[4] 不过，傅圣泽并未明确指示该怎么办。他正在为胡若望另谋住处。[5] 尽管贝恩斯一家人不离不弃，仍然表示愿意把胡若望接回他们家中，但傅圣泽认为他们吃的苦头已经够多了。

1723 年 2 月 25 日　星期四

奥尔良

奥尔良耶稣会宿舍的人员已不再借由手势比画与胡若望沟通。在一项出人意料的巧合下——很可能是天意——他们竟然找到了一名通译。他是一名事业相当成功的杂货商，原本来自布卢瓦，目前住在奥尔良。当初铎罗枢机主教（Maillard de Tournon）在 1705 年出使中国，这名杂货商即是使节团的厨师长。[6] 他在中国与澳门居住了将近三年，说得一口流利的汉语。胡若望听到这名法国人开口说中文，不禁吃了一惊。"你一定是从我故乡来的。" 胡若望说。

这下胡若望又能用汉语与人沟通，于是一股脑倾诉了心中的不满。他说他为傅圣泽工作已有四年之久，却一毛钱都没有拿到。他理当取得每年十两白银的酬劳。他说他之所以来到欧洲，为的是能够尽快前往巴黎与罗马，然后再返回中国。胡若望与傅圣泽共事虽然只有十四个月，但他声称他为傅圣泽工作了四年的说法却也有其本身的逻辑，因为他如果确实已为傅圣泽工作了四年，而且心中又牢记着他们的合约总共只有五年，那么他的欧洲之行就只剩下一年的时间，因此他自然能够在心中开始规划从罗马返回中国的计划。他可能也因为某种内心的警戒，而在合约明明规定酬劳为每年二十两的情况下声称是每年十两。与敌人交涉，毕竟不能逼得太紧。

傅圣泽仍然没有表明自己打算对胡若望怎么办。他不晓得葛拉曼神父在奥尔良找到了一名通译，他怎么可能想得到呢？于是又寄了一封中文拼音与法文对照的信件，而葛拉曼也照样念给了胡若望听。这封信对胡若望的行为多所抱怨，并且宣称胡若望要是再不检点，傅圣泽就将与他断绝关系。胡若望听了之后随即扑向葛拉曼神父，从惊愕不已的神父手上夺过那封信，并且在盛怒之下把信纸扯成碎片，别人根本来不及阻止。由于这项无礼的行为，胡若望随即遭到葛拉曼的仆人一顿痛打。这封信就这么被毁掉了。[7]

1723年3月8日 星期一

奥尔良

葛拉曼写了一封信给傅圣泽:

截至目前,我已竭尽全力促使这名中国人在此耐心等待,我虽然满心希望满足您的要求,却恐怕无法再让他继续待在这里了。过去七八天来,他陷入了深深忧郁的状态,使我不禁担心事情会发展成什么样。昨天早上,他打包了自己的物品,已经走出宿舍准备离开,我们的一名神父才及时发现,赶紧把他追了回来。

我立即派人把我们的通译找来,但他正好去了乡下,要到晚上才会回来。不过,他今天早上八点就前来找我,于是我要求他和你的那名中国人谈谈。就我所能理解的范围内,胡若望显然不计代价,只想回巴黎和你聚首。我费了好一番工夫,才说服他在这里继续待上五六天,说服他的理由是我会写信请求你把他带回去,而这封信就是我对他的许诺。我也对他说,如果过了五六天之后我还是没有收到你的指示,那么我就会放他走。毫无疑问,届时我必然只能放他走……

身为你的朋友,请你信任我,给我指示吧。我会尽力向你证明信任我不是错误的选择。

葛拉曼笔[8]

1723 年 3 月 12 日 星期五

奥尔良

胡若望又开始不断前往奥尔良耶稣会宿舍附设的华丽教堂。那座教堂里除了各种奉献的物品之外，还悬挂了那幅天主站在四等分的地球上的画作。有时候，胡若望会在教堂里温顺地敬拜，脱下帽子，双手垂在身旁。有时候，他却坚持在教堂里也要戴着帽子，声称中国人都是这么向皇帝表示崇敬。[9]

一天晚上，在宿舍的花园里，一名大学教师看到胡若望站在满月之下，高举着双臂。[10]

傅圣泽向葛拉曼神父寄了一连串的信件，要求他交由通译转告胡若望信件内容。这些信件要求胡若望承认自己无缘无故离开巴黎乃是错误的行为，而且最新的一封信更要求胡若望写一份正式悔过书寄给傅圣泽，向他请求原谅。

葛拉曼透过通译向胡若望转告了这项要求。胡若望说他绝不写悔过书，并且坚称自己没有犯错。他高声大吼，指称自己宁可被砍掉双手，也不愿向傅圣泽写这么一份悔过书。[11]

1723 年 3 月 16 日 星期二

奥尔良

胡若望离开了奥尔良。他搭上凌晨两点出发前往巴黎的马车。他的车票价格为六法郎，葛拉曼还额外给了马车夫两法郎和几个铜板，要求他在途中照应胡若望的饮食，并且将他安全送到巴黎的发愿者之家。傅圣泽已在那里为他备妥了住处。

胡若望虽然一再坚称自己要回巴黎，在终于收到傅圣泽的指示后还深感欣喜，但一听闻自己必须清晨两点动身，却又开始闹起了脾气。他说他不肯在夜里出发，也不愿搭马车，而是要步行，并且要求途中进食所需的盘缠。个性温和的葛拉曼神父也生气了。他对胡若望说他已订了座位、买了车票，就是这样。如果胡若望不搭上车，他们一样会在凌晨把他叫起来，并且赶出耶稣会宿舍。胡若望的态度因此软化了下来。用过一顿告别餐点之后，他就由那名通译与葛拉曼的仆从带到驿马车站附近的客栈，在马车出发之前先睡一会儿。

在离开宿舍之前，胡若望倒是透过通译殷切感谢了葛拉曼的招待。葛拉曼寄了一份账单给傅圣泽，向他请款十六法郎五苏，以支应胡若望两次从奥尔良前往巴黎的旅费，一次就是当前这趟旅程，另一次则是在去年 11 月。葛拉曼说奥尔良的神父将分摊胡若望借宿当地的其他食宿费用。[12] 当然，没有人需要负担胡若望从巴黎到奥尔良的旅费。他自己搞定了那趟旅程。

注释

1　葛拉曼的信完整抄录于 RF, 407-408。本书所录为作者翻译的译本。

2　胡若望的不耐，RF 409。

3　傅圣泽写的中文信，RF 410。

4　傅圣泽向阿尔让松道歉，RF 408。

5　傅圣泽为胡若望找寻住处，RF 409, 415。

6　通译与天意，RF 410-411；那名通译随着铎罗到中国事奉的细节虽未记载于 RF，却可见于 BL, Add MSS 26817, p.244。

7　傅圣泽在 RF 中忆及这几天而不禁激动不已，因此批评胡若望的言语非常激烈，指称 "la laideur de Chinois qui était extraordinaire"（那个中国人丑陋无比；第 410 页），而且 "une des plus affreuses figures qui fut jamais sous le ciel"（天底下没有比他更令人望之生厌的人；第 411 页）。胡若望撕碎信件一事，见 RF 413，葛拉曼在 3 月 13 日指称这件事 "il y a quinze jours"（发生至今已有十五天）。

8　葛拉曼写给傅圣泽的信，1723 年 3 月 8 日，RF 412。本书所录为作者翻译的译本。

9　胡若望温顺的敬拜举动或是在教堂里戴着帽子，RF 413。在 BL, Add MSS 26817, p.265 的边注里（没有出现在 RF），傅圣泽再次提起胡若望在奥尔良的室内戴帽的举动，并指出这种行为在中国礼仪当中的重要性。

10　胡若望仰望着月亮，RF 415。

11　傅圣泽寄信请葛拉曼转知胡若望，RF 411-412；请求葛拉曼说服胡若望，RF 413-414。胡若望的回应，RF 415。

12　葛拉曼在 1723 年 3 月 16 日详细记述胡若望离开的过程，RF 414。翻印的 RF 似乎暗示 3 月 16 日的这张票要价十二法郎（利弗尔）；但这个数字指的其实是两次从奥尔良到巴黎的旅费总和，傅圣泽在 BL, Add MSS 26817, p.246 的边注说明了这一点。

第八章

前往沙朗通的路上

1723 年 3 月 28 日　星期日

巴黎

　　胡若望住在圣路易教堂，也就是发愿者之家的附设教堂。他的
房间位于角落，旁边即是环绕中殿的回廊。[1]中殿相当高耸，回廊共
有两层。白天，光线会从宽敞的圆顶上透过窗户洒入教堂里，照得
室内的大理石雕像与木雕闪闪发亮。教堂里也有四幅庞大的画作，
内容描绘该教堂的守护圣徒在掌权期间发生的故事。[2]到了晚上，那
些精心描绘的人物与天使即没入凉爽的黑暗当中。胡若望的房间里
有一张床、一把藤椅和一张桌子。有一扇窗户可以望见室外的景色，
胡若望总是把这扇窗户开着。这个房间的空间与舒适程度都远远比
不上贝恩斯家的房间，但胡若望表示自己相当满意。

　　允许胡若望在此住宿的是发愿者之家的耶稣会上司，八十一岁
的盖拉德神父（Gaillard）。不过，借宿期间只有几个星期，接下来
胡若望与傅圣泽就要出发前往罗马了。[3]

　　傅圣泽再次开始写信给国王的图书馆长比尼昂，但他现在已没
有先前那么焦虑，也不再那么热情。阿尔让松已将他的部分书籍交
给教廷大使，而教廷大使正在安排将这些书籍运往罗马。其他的书
也必将在不久之后随之送去。傅圣泽满怀自信，不仅拒绝承认比尼
昂因为协助通关事宜而能够对这些书主张任何权利，而且还针对当
初他自己和布雷特舍为图书馆采购的七箱书本，厚着脸皮向比尼昂

借求其中部分书籍，尤其是介绍明朝礼仪的二十册套书。他希望能在罗马研读这套书籍。[4]

胡若望又开始到街头上到处游走。他任意游荡，每天一早就带着当天的伙食费出门。他只要饿了，就买下自己看了想吃的东西，并且直接就地吃起来。他会在街头上摆出各种姿态，或者耍宝搞笑，或者高声吟诵。他在巴黎马雷区成了著名人物，也许还不仅限于那里。巴黎每当春天市集重新开张，各种规范就随之放松，成为嘉年华般的狂欢世界——而胡若望就仿佛进入了这样的世界。这是一个狂野而自由的世界，各种怪胎、异国人士与乱七八糟的人物都会获得群众的接纳与围观，并从人们的高喊与欢笑中得到鼓舞。[5]

胡若望似乎乐在其中。他离开路易港之后就没有再抄写过任何文件，也不再提起撰写游记的计划。傅圣泽对他提出最后通牒，要求他定下心来抄写中国典籍，胡若望却彻底拒绝了这项要求。[6] 傅圣泽说，只要他不工作，他就永远不会付钱给他。胡若望只耸了耸肩。傅圣泽对他挥舞着他们当初在广州签订的合约，胡若望却作势要把合约夺过来。[7]

1723 年 4 月 8 日　星期四

巴黎

一切事物总算就绪了。国务卿迪布瓦发放了傅圣泽前往罗马所需的护照。[8] 教廷大使给他很多鼓励，警察总监阿尔让松对于剩下的书籍该如何处理也表达了和善的态度，而且比尼昂也不再强硬。傅圣泽的书已有一批交给了教廷大使，并且已经送到马赛，准备经海路运往罗马。[9] 耶稣会上司对他的罗马之行似乎也不再反对。唯一的问题是，盖拉德神父因为听闻太多胡若望在街上胡闹的传闻，而要求他必须搬出教堂的小房间，不得继续住在发愿者之家。不过，在傅圣泽的请求下，盖拉德神父的态度终于软化了下来。毕竟，他们再过两三天就要离开了。

傅圣泽订了车位，也预付了费用：4 月 12 日驶往里昂的驿马车，两个位子。他匆匆赶去找胡若望，向他告知这个消息。

1723 年 4 月 10 日　星期六

巴黎

胡若望不肯走。

他在星期四就对傅圣泽这么说，到了今天还是没变。一开始，傅圣泽试着和他开玩笑。"教宗召唤我，"他对胡若望说，"而且他也想见你呢！"接着，他又尝试诉诸胡若望本身的利益："到了罗马，你绝对不会有任何欠缺。那里的人会竭尽全力讨你欢心。"再来则是语带威胁："你如果不和我走，那么我离开巴黎之后，谁会照顾你？"胡若望只皱着眉头，一语不发。[10]

傅圣泽派了一名信使向教廷大使转告这项最新发展。教廷大使于是派了手下的监督官卡第纳里（Marc Cardinali）与胡若望会面。傅圣泽为他们两人担任翻译。卡第纳里发现胡若望拒绝前往罗马的意志非常坚定，完全不可动摇。

胡若望除了一早外出买些面包之外，整天都待在他的小房间里。有人对他说过——或者他认为对方是这么说的——傅圣泽会杀人。胡若望似乎认为这项讯息来自耶稣会的上司盖拉德神父，但天知道他这个念头是从哪儿来的。[11] 他似乎也认为自己和傅圣泽的这种罪行有关。胡若望深感恐惧。他躺在床上，开着窗户，但没有假装生病。他理当会把门锁上，但这个房间没有钥匙。只要傅圣泽或其他人进来告诫他，他就会拉起棉被把头盖起来。

1723 年 4 月 11 日　星期日
巴黎

晚餐过后，许多人挤在胡若望的房间里和门口周围。在场的除了傅圣泽之外，还有贝恩斯，因为他具备与胡若望打交道的经验。教廷大使的监督官卡第纳里也在，还有发愿者之家的两名耶稣会士，他们奉盖拉德神父的命令要把胡若望赶出去。除此之外，还有不少人是因为好奇而前来旁观。[12] 一开始，傅圣泽试着和胡若望讲道理，但不久就动了气，逐渐提高音量。胡若望也大声回骂，毫不退让。

天色愈来愈暗了。傅圣泽订位的马车将在明天清晨四点出发。他们决定把胡若望带到桑斯公馆附近的一家客栈，位于玛丽桥对面的一块河畔空地上，届时马车也将从这里发车。他们可以等到第二天一早，再看看胡若望的表现。

胡若望拒绝离开房间。发愿者之家三名孔武有力的佣人奉命而来，把死命挣扎的胡若望扛下狭窄的楼梯，而且由于他一路上仍然不断又踢又叫，他们只好挑选暗巷行走，把他扛往客栈。这段路距离不远，从发愿者之家出来只需走一百步左右。他们在圣凯萨琳客栈租了一个房间，把胡若望关在里面。傅圣泽安排了人为他送上晚餐。[13]

傅圣泽回到自己在发愿者之家的房间。明天，他就会永远离开这里了。他提起笔，写了一封信给警察总监阿尔让松：

敬爱的阁下：

由于天意将我置于相当为难的立场，因此我必须和先前一样，再次斗胆请求您的权势与协助。我对您先前给予我的帮助深怀感谢。

明天我就要动身前往罗马，搭乘驶向里昂的马车。由于诸多原因，我已不能延迟这趟旅程。我原本打算带着早先曾写信向您提过的那名中国人同行，但他却陷入了难以置信的心神失调状态。尽管他一再声称自己渴望亲眼见识著名的罗马城，而且当初也说他随我而来就是为了要到罗马去，但现在却不再愿意和我同行。他说他要循陆路返回中国，而且要靠着自己的双腿步行。他上次就是这么前往奥尔良，不但在极糟的天气状况下自行出发，而且身上一毛钱都没带。我后来才安排他搭乘公共马车返回巴黎。

回到巴黎之后，他的愚行更是愈来愈严重。他初次抵达巴黎的时候，曾对我说他见到一位天使向他现身，并且敦促他做一番大事业——但他没有进一步说明是什么样的事业。后来他也曾数度说过同样的话。我不再详细叙述他的其他荒谬行径，但总之他在某些时候——而且这样的状况愈来愈频繁——就会变得毫无理智。他的愚行还伴随着恶意与固执，不论祈祷、威吓或宽仁的对待都无法加以扭转。

由于我无法强迫他与我同行，而必须将他留在此地，因此我认为我必须将他的真实本性告知阁下。这个可怜人如果不受到约束而送到收容他这类人的场所，无疑将会落入极为悲惨的境地。他将在巴黎四处乞讨，甚至在全国到处游荡，制造我们不乐见的骚动。

我因为一直盼望他能改邪归正，所以拖延至今才告知您这些讯息。盼您能重视我说的话，下令逮捕这个卑劣之人。他一旦被捕，不再能够恣意行事，也许能够恢复理智也不一定。我欠您这份情，也要再次向您告别。

谨致敬爱的阁下

傅圣泽敬上

巴黎，1723 年 4 月 11 日 [14]

傅圣泽继续打包行李。他还有一大堆衣物必须整理，更别提他抵达巴黎之后所买的书籍。[15] 一旦把这些书籍和那十一箱书结合起来，对他而言将会是一批绝佳的研究资料。

1723 年 4 月 12 日 星期一

巴黎

尽管时间还没到清晨四点，却已聚集了一小群人准备为傅圣泽神父送行。贝恩斯又再次前来，还有一个名叫史密斯的英国人，他也是天主教徒，二十六年前在弗莱什学院曾是傅圣泽的数学学生。[16] 史密斯带着儿子同来。先前承诺会来的卡第纳里还没出现。

傅圣泽到胡若望的房间，再次试图和他讲理，说服他搭上马车前往罗马。胡若望仍然气愤不已，根本不肯听他说话。傅圣泽显然说不动他。

马车已在等待，傅圣泽的行李也已经搬上了车。胡若望要是愿意一起走，傅圣泽就可以丢弃他写给警察总监阿尔让松的信。现在，他已决定把信寄出去。由于最适合传递这封信的卡第纳里还没到场，他于是把信交给了贝恩斯。[17] 傅圣泽身上有一千法郎，这是教廷大使给他的钱，用于支付旅途上的一切花费。他在一时冲动之下，掏出了一百法郎交给贝恩斯，要他利用这笔钱照顾胡若望。于是，就在那即将出发的马车旁，英国人贝恩斯以不尽精准的法文匆匆写下了一张收据。[18]

傅圣泽爬上车，拴上车门，车夫对马儿发出呼声，接着甩动马鞭，庞大的公共马车应声而动，缓缓前进，朝着里昂而去，届时傅圣泽会再从那里转车前往斯特拉斯堡或罗马。

在马车上——也许在票价最便宜的车尾座位区，远离车门与车窗的地方——有个没人坐的空位。[19]

1723 年 4 月 15 日　星期四

巴黎

　　贝恩斯与卡第纳里前来接胡若望。贝恩斯雇了一辆马车，卡第纳里则是骑着马。贝恩斯带了一个朋友同来，以防胡若望又变得难以控制。

　　自从星期日深夜以来，胡若望被关在圣凯萨琳客栈的房间里已有四天，而且有些时间还被绳子绑着。贝恩斯与卡第纳里费了好一番唇舌，又两度亲自拜访，还花了比预期更多的钱，才终于说服客栈老板让胡若望在那里待了这么长的时间。不过，胡若望并没有试图逃跑。

　　他们花了四天的时间才备妥将胡若望送进疯人院所需的文件——这是傅圣泽与教廷大使一致的决定，他们认为胡若望如果一直坚持拒绝前往罗马，那么将他送进疯人院就是唯一的选择。只要胡若望有所康复，就可以利用印度公司的船只送他返回中国。[20]

　　卡第纳里在周一上午五点与贝恩斯碰了面，就在傅圣泽离开之后不久。他来得极为匆忙，对于自己没有赶上为傅圣泽送行也深感惭愧。他的仆从不慎睡着，以致没有叫他起床。到了八点，贝恩斯与卡第纳里已来到警察总监阿尔让松的办公室，亲手递交傅圣泽的信件，寻求官方的协助。但他们来的时间不巧，阿尔让松正在凡尔赛与年轻的国王及国务卿迪布瓦举行定期会议。阿尔让松的手下请他们星期三再跑一趟。

所有人都不想等那么久。教廷大使马塞伊在星期二就派遣他的预审官罗塔前往凡尔赛。罗塔与国务卿迪布瓦交涉之后，取得了一份"秘密逮捕令"（lettre de cachet），其中指示将胡若望送进沙朗通的精神病院。秘密逮捕令乃是由国务卿以国王的名义签发，再交由警察总监执行，因此被捕的人在未经正式审判的情况下就可能被监禁长达数年之久。迪布瓦也许在凡尔赛就直接把逮捕令交给了阿尔让松，也可能是递送到巴黎警察厅。贝恩斯与卡第纳里依约在周三晚上与阿尔让松会面，敦促他尽速执行秘密逮捕令。[21]

阿尔让松答应他们会亲自督导这项工作，并且要他们在星期四上午十一点再过来与他会面。第二天，他们准时抵达，阿尔让松于是交给他们一份国务卿收监令的抄本，还有一封随附的信件，收件人为慈善兄弟会（Brothers of Charity）会长，亦即沙朗通精神病院的主持人。他向他们指出，国王的财政大臣将会支付所有的费用。

贝恩斯与卡第纳里来到圣凯萨琳客栈，向客栈老板结清了食宿费，随即前往胡若望的房间。他们两人都带着马鞭。由于他们两人都无法向胡若望表明自己的意图，因此只能硬把他拉出客栈。不晓得是因为看到等待着他的马车，还是室外明亮的光线，或是他们两人脸上的表情，胡若望突然感到一阵惊恐，而伸手抓向卡第纳里的脸。卡第纳里往后跃开，但胡若望还是抓到他的衬衫前襟，一把扯破衬衫。贝恩斯挥鞭猛打胡若望，卡第纳里也是。在贝恩斯的朋友帮忙下，他们才拖着胡若望往马车走去。胡若望趴在地上，抗拒他们的拖行，周围也开始有好奇的路人聚集围观。这些旁观群众虽然不晓得发生了什么事，却不禁对胡若望抱以同情。卡第纳里把人群推开，贝恩斯和他的朋友则把胡若望扛进马车里，并且一起跳上了车。他们抽出一副手铐，铐住了他的手腕。[22]

　　马车随即开动。卡第纳里骑上马，跟在车旁护送。通往沙朗通的道路始于圣安东门，而从圣凯萨琳客栈到圣安东门有两条捷径：一条经过发愿者之家与圆顶雄伟的圣路易教堂；另一条则是经过有着三座奇特高塔的圣保罗教堂。[23]路上的行人看到这辆马车奔驰而过，想必会看见一张脸庞贴着马车的车窗，下巴靠在戴着手铐的双手上。

注释

1 傅圣泽说胡若望的房间"dans le coin d'un des jubés qui sont sur l'église de Saint-Louis"（位于圣路易教堂其中一道圣坛隔屏的角落），见 RF 416；关于家具描述，见 RF 419；教廷大使的监督官卡第纳里称之为"un petit endroit pres du Jubé de l'Eglise"（教堂圣坛隔屏旁的一个小空间），RF 569。

2 关于教堂，见 Martine Constans, *L'Eglise, Blond, Maison Professe*。关于画作，Wilhelm, *Au Marais*, p.112。圣路易教堂的大幅画作仍有三幅悬挂于耳堂。

3 盖拉德的许可，RF 417。

4 傅圣泽在 3 月 22 日与 28 日所写的信件并未列在魏若望，书目，第 381 页，而且可能已经佚失。不过，他确实曾在这两天写信，而且也可拼凑出部分内容，见 BN, MS Francais 15195, p.104，比尼昂写给傅尔蒙的信；以及 BN, MS Francais 15195, p. 104 v，比尼昂写给修道院院长 Targny 的信，两封信都写于 1723 年 3 月 31 日。另见 Omont, p.817, n. 1。不过，Omont, p.816 把比尼昂写给傅圣泽的信误植为傅圣泽写给比尼昂。傅圣泽谈及第一批送往马赛的书，RF 417。

5 胡若望出外游荡一事，见 RF 416-417。他和十八世纪初的巴黎街道种种光怪陆离的景象堪称相得益彰。关于当时的巴黎景象，见 Robert Isherwood, "Entertainment" 与 Thomas Crow, *Painters*, pp.45-54。

6 再次要求胡若望从事抄写工作，RF 416。

7 试图抢夺合约，RF 536，虽然没有标明日期，但与傅圣泽这些陈述的情境完全吻合。

8 行程准备，RF 417-418。

9 书籍运往马赛之事，可由教廷大使在 1723 年 4 月 5 日以意大利文写给枢机主教萨克里潘特的信件获得证实，BAV, Borg Cin, 467, p.119，附件 D（尽管该处因笔误而将日期写为 1728 年 4 月 5 日）。经过翻译的法文版本收录于 RF 524。4 月 8 日的日期来自 RF 418——"dans trois jours il faudrait se mettre en marche"（三天后应该就可动身）。

10 这些细节都记载于 RF 418-419。傅圣泽写道："nulle representation, nulle instance, nulle caresse, nulle crainte ne fut capable de fléchir sa folle opiniastreté"（好说歹说，无论如何都动摇不了他那冥顽不灵的死脑袋），RF 418。

11 关于胡若望认为傅圣泽可能杀过人——他暗示这项认知来自一名"上司"，可能是盖拉德神父——见他在 1725 年 10 月写的信。

12 驱逐胡若望，RF 419。傅圣泽指出："quelques autres personnes s'y trouvèrent aussi"（还有其他人也在场），但没有说这些人是谁，也没有说明他们为何在场：他说现场有"两三名"耶稣会士和"三四名彪形大汉"，我都取其中比较小的数字。我猜那些仆人是发愿者之家的人员。

13 客栈，RF 420。卡第纳里在证词中提及桑斯公馆的名称，RF 570。桑斯公馆作为驶向里昂的马车的出发点，见 *Curiositez*, 337。卡第纳里的证词在 1730 年 3 月 27

日写于巴黎，对于这则故事是重要的补充资料。他的陈述全都坦率真诚，回忆也相当精确，但由于是在七年后写就，因此他把分别发生在三天——11 日、12 日与 15 日——的事件全都记成发生在傅圣泽出发当天。这一部分的故事明显是指 11 日发生的事情。

14 写给阿尔让松的信，RF 420-421。本书所录为作者翻译的译本。

15 傅圣泽打包行李，RF 420："obligé de finir quelques ballots de livres et de hardes qui n'étoient pas encore en ordre"（必须打包一些尚未整理好的书本和衣服）。

16 傅圣泽提及自己的出发与送行人士，RF 421。傅圣泽所谓的"anglois nommé M. Smihson"（名叫 Smihson 的英国人）可能是指贝恩斯提到的"史密斯弟兄"，RF 527。

17 如同先前所述，卡第纳里在 RF 569-570 的陈述似乎有些搞混了事实，而把沙朗通之旅的出发场合记成了这一次。胡若望几乎可以确定是被锁在房里，见贝恩斯，RF 526。另见卡第纳里向傅圣泽说的话"j'ai vu votre R'evérence partir"（我望着阁下离开）——意指自己若是能够，就会随他同行，RF 523。这点与贝恩斯的陈述相悖，RF 526：亦即卡第纳里直到当天早上 5 点才到贝恩斯的住家与他会面。

18 这一百法郎是供未来开销使用，而不是补贴过去的支出。贝恩斯在先前为胡若望的支出已由"en pension"（食宿费）全额偿付，RF 422。收据保留于 BAV, Borg Cin, 467, p.119，是傅圣泽"真实叙述"附录里的附件 C。收据内容为："Je recu des Reverend Père Foucquet la Some de cent livres pour l'usage du Chinois fait à Paris ce 12 Avril 1723"（本人收悉傅圣泽神父交付一百利弗尔，以供支付该名中国人在巴黎生活所需，1723 年 4 月 12 日）。傅圣泽在边注中指出这份收据由贝恩斯自行书写。另外，傅圣泽也在 BAV, Borg Cin, 467, p.176（1725 年 11 月 15 日写给戈维里的信）确认贝恩斯在马车旁写下这份收据。

19 关于傅圣泽把胡若望的座位安排在马车的"les fonds"（后方），见 RF 394。

20 贝恩斯的陈述，RF 526-527。卡第纳里的陈述，包括胡若望遭到捆绑，RF 523-524, 569-570（后者把数则事件浓缩在一起）。教廷大使的陈述，RF 525。

21 迪布瓦扮演的角色可由 1726 年 2 月 11 日的匿名信得到确认，傅圣泽接下来的评论，RF 550。秘密逮捕令是法国大革命以前的旧体制中极为恶名昭彰的制度，相关研究非常多。关于警察总监与国务卿在此一制度中的行事程序，见 Williams, p.42。关于秘密逮捕令制度滥权关押人犯于沙朗通，见 Mercier, *Tableau de Paris*（1733），XII, 35-37。

22 沙朗通医院院长向戈维里提及手铐这项重要细节，BAV, Borg Cin, 467, p.165："ce Chinois qui lui fut livre les menotes aux mains"（那名中国人铐着手铐被送来此地）。傅圣泽的回应相当冷淡："Je ne scavois rien des menotes dont vous me parlez. Ceux qui les lui mirent eurent indubitablement des bonnes raisons d'en user ainsi"（我对你提到的手铐毫不知情，但他们用上手铐一定有充分的理由，BAV, Borg Cin, 467, pp.176-177）。

23 桑斯公馆到圣安东门的街道，Brice, I, 第 1 页对面的折页地图。

第九章　囚禁

1723年5月6日　星期四

沙朗通

在沙朗通医院里，共有四幢主要建筑设有收容精神病患的病房。这四幢建筑排列成一个对称的十字架，每幢建筑各有三层楼高，斜屋顶下方还有一个顶楼层。这四幢建筑的内部格局都相同，每一层楼各有两排病房，中间隔着一条走道。

这四幢建筑右侧紧邻着慈善兄弟会的餐厅。用餐室楼上有个空间宽敞的交谊厅，可供接待重要宾客或举行正式会议。交谊厅楼上的顶楼设有一间供病患使用的礼拜堂，可由一道独立的楼梯前往。慈善兄弟会的会员可以从餐厅沿着伙房上方的一条走廊走到一座小桥，跨越另一个小中庭，通往沙朗通的一大景点：也就是占地八公顷的宽广花园与家用农场。雅致的步道沿途种满了胡桃树，还有菜园与葡萄园，足以供应医院绝大部分的需求。穿越田野和花园，可以望见广阔的草地和万塞讷城堡。在花园的西端，则是医院自己的墓园。花园并不对大部分的病患开放，因为花园的围墙太矮，安全堪虞。

花园位于一片隆起的狭长土地上，高约十八米，与马恩河平行延伸。但在精神病患宿舍的坐落地点，这条地脊却转为陡坡而一路下滑至河畔。为了避免崩坍，斜坡处堆满了岩块，堆叠高度还比建筑物高出几米。其中一幢宿舍的背面与餐厅形成直角，依傍着这片防堵墙，另一端则与宿舍平行于马恩河的东西向侧厅相接。因此，只要兴建起一面高墙，即可造就两座封闭的庭院。[1]

这两座庭院都晒不到太阳，因为空间并不宽敞，而且周围的建筑物都相当高。这两座庭院也无法与四方的空气流通，因此医院和宿舍的粪便气味都集中在庭院里。慈善兄弟会共有十名成员，他们经常讨论医院事务，遇到重大抉择就以黑色和白色的石头秘密投票决定，他们曾在全体会议中讨论过这个问题，但不太确定该怎么办。[2]他们考虑过迁移若干关键设施，例如诊疗所或是他们自己的住所，以远离那股臭味。他们也考虑过兴建比较容易清理的公共厕所。

胡若望躺在他位于庭院里的床垫上。他在医院院长的命令下被带到室外，因为他自从 4 月 15 日被贝恩斯与卡第纳里带到这里之后，就极少下床。院长认为到室外透透气会对他有好处，即便是庭院里这种臭气冲天的空气也一样。胡若望如果仰望上方，可以看到天空。[3]

1723 年 7 月 27 日 星期二

罗马

　　傅圣泽前往罗马的旅程波澜不惊，但他倒是生了一场病。在前往里昂的途中，他到位于约讷河与瑟兰河之间的阿瓦隆探望姐姐，那里是她丈夫的庄园所在地。从里昂转车出发之后，他翻越了阿尔卑斯山脉，穿越都灵与米兰，在 6 月 4 日抵达罗马。[4]

　　傅圣泽几乎立即获得教宗英诺森十三世（Innocent XIII）接见，就在 6 月 8 日。他们针对中国与各种礼仪谈了两个小时。这场会面令他深感礼遇，尤其是教宗陛下在不久之前刚生了一场重病。[5]

　　尽管罗马的耶稣会组织财力雄厚，规模也相当大，傅圣泽却没有和他们住在一起，而是由教宗亲自下达命令而获邀住在教廷传信部的学院建筑里一间宽敞的公寓。除了教宗之外，他也会晤了传信部的监牧及秘书——萨克里潘特（Sacripante）枢机主教与卡拉法（Caraffa）蒙席。[6] 由于他们负责督导所有的传教工作，因此他们算是潘如神父的最高上司，而潘如正是当初在半个地球外的广州最早雇用胡若望的人。

　　傅圣泽并没有完全把胡若望抛在脑后，而贝恩斯与卡第纳里寄给他的信也没有向他保证胡若望确实受到了适当的照料。[7] 贝恩斯持着秘密逮捕令将胡若望送进疯人院的时候，曾向沙朗通的院长指称国王——透过阿尔让松或迪布瓦——将会支付胡若望的一切开销，但这笔钱显然一直没有拨下来。卡第纳里写信指称沙朗通的院长已表示他如果没有在短期内收到款项，就不会再继续收留胡若望，而这笔款项却至今都还杳无消息。傅圣泽出乎意料地得以会见萨克里潘特及卡拉法，看来显然是天意。这么一来，他即可透过他们直接接触主掌中国传教团事务的特殊委员会，而此一委员会乃是由教宗亲自挑选的枢机主教组成。胡若望自然属于中国事务。傅圣泽开始草拟一份陈情书，希望这些枢机主教能够关切"一位名叫胡若望的中国文人"——但他现在把胡若望的名字写成意大利文，因此"John Hu"成了"Giovanni Hu"。

　　傅圣泽没有写信给胡若望，因为他仍有许许多多的事情要忙。[8]他必须整理自己对中国礼仪的观点，并且说明这些礼仪在本质上是否属于迷信，以供学问高深的教会人士审阅。他必须撰写报告仔细说明自己和中国其他耶稣会士的关系，以及他们所有人在1721年春季与教宗特使嘉乐的联系——如果没有联系也必须报告——并且呈交给一个由枢机主教组成的特别调查委员会。[9]他必须说明自己对于如何诠释中国最早的表意文字与文献所抱持的观点，以及这些文字当中暗藏了哪些代表唯一真实宗教的密码。除此之外，他的书籍也还有些问题必须处理。有人试图把他还留在巴黎的书没收充公，也许是比尼昂在背后主导，但教廷大使马塞伊不断对迪布瓦枢机主教施压，所以这些书仍有机会在不久之后送往罗马。[10]届时傅圣泽的藏书即可大致上再次聚集于一处，尽管他还有一千两百册书籍留在北京，也还没计入其他留在广州的书籍。

另外，傅圣泽也不断与法国国王的告解神父利尼埃持续通信，而且内容愈来愈充满敌意与愤怒。[11]当初利尼埃曾对傅圣泽的那些中文书籍提供不少协助，但现在他却认为傅圣泽的观点过于激进、行为过于莽撞，对于和他争论中国礼仪的前耶稣会同僚也批评得过于恶毒。"在我看来，"利尼埃在 6 月 29 日写信向傅圣泽表示，"你也许该少学点中文，而多花点时间研习慈爱的学问。"

"那封信实在贬低了您的人格，"傅圣泽回信道。他必须坦承指出，所有耶稣会成员所服从与效忠的对象乃是教宗，而不是彼此。在过去的每一个重要时刻——包括匆促离开北京因而失去一段研究的时间、丧失许多书籍，以及在五十七岁乘船展开一场浪涛汹涌的海上之旅——他都遵循了这样的服从之道。利尼埃的批评并不正确。傅圣泽依照他自己的惯例，在信末问候对方一声又回刺对方一枪："希望这封信能够让您看得开心。唯有如此才足以证明您确实热爱真诚与坦率，如同您向来宣称的。"

无论如何，傅圣泽颇为幸运，在罗马又找到了另一名中国人，一个受过良好教育而且温和有礼的年轻人，被送到罗马进修预备成为教士，也非常乐于帮傅圣泽翻译他的中文书籍。这么一来，他就根本不需要胡若望了。[12]

1723 年 10 月 21 日　星期四

沙朗通

傅圣泽担心钱的问题确实有其道理。必要的款项要是再不拨给沙朗通的慈善兄弟会，胡若望就不免要有麻烦了。并不是说慈善兄弟会的成员都贪财无厌——完全不是如此。他们把自己的人生全部投注于照顾老年人与病患，还有严重心理失常的人士。不过，天赐圣若望会（St. John of God）却多多少少预期沙朗通的这家医院能够带来收益。这笔利润通常交给教派总部，因为总部每年都向医院收取三千法郎，相当于"征税"；不然，就是由沙朗通的慈善兄弟会开会针对个案投票决定，而将利润赠予教派中比较缺乏资金的机构，否则这些机构就可能必须借贷，甚至被迫关闭其经营的疗养院。这样的赠予金额通常在数百法郎左右，偶尔可达一千法郎以上，连同沙朗通医院意外获赠的家具或银器，或是病患身后遗留给兄弟会的物品。[13]

沙朗通医院还有其他许多问题，不但占据了慈善兄弟会的许多注意力，而且处理起来也都必须花费许多金钱。他们不得不搁下餐厅屋顶漏水的问题以及一件大规模的改建计划，原因是承包商在工人与建材成本高涨的情况下扬言取消原本的协议。他们用水所仰赖的贮水槽也有漏水问题，由马匹拉动的水泵轮子也有不少破裂与腐朽之处，以致发生意外的风险相当高。此外，为了确保未来偿付能力而从事的土地交易也是一大花费，例如在沙朗通上方的山丘购置额外田地，或是购买沙朗通村里的房屋，不但改装成商店，也将阁楼装潢之后出租给商人。[14] 有时候，扩张房产是以单纯的买卖方式来进行，例如卖掉圣安东城郊位于沙朗通道路靠近巴黎那端的五栋小屋，再转而在沙朗通购买两栋雅致的房屋——价格分别为一万法郎与八千五百法郎。另外还有林林总总的各种花费，例如葡萄树必须挖除或重新种植，走道与灌木林需要种植遮阴树木，田地所需的粪肥也必须向邻近的马舍成批购买。[15]

慈善兄弟会与沙朗通教区签订了一项非常有利的协议，只需为他们庞大的花园向教区支付每英亩三十苏的低廉地租。但另一方面，他们与沙朗通领主洛里埃（Laurière）及其夫人却有着无止无尽的土地与权利纷争，而且这对夫妻两人都同样恶劣。[16] 洛里埃夫妇在医院前方盖起石墙，阻碍人员进出，"犹如以止血带捆住医院"，负责记录的慈善兄弟会成员写道。此外，他们还曾一度阻挠马恩河上的船只为医院运送补给品。在这种状况下，慈善兄弟会不得不聘请收费高昂的律师，但也设法号召他们本身的支持者：小卡雷（Carré Le Jeune）是他们在巴黎议会的游说者，而奥尔良的罗比亚尔家族（Robillards，家族中的儿子是当地议会的律师，他父亲则是沙朗通的住院病患）也乐于以优厚的条件向他们提供大笔贷款。[17]

一旦遇到像胡若望这样的穷苦病患，沙朗通医院根本收不到分文。医院靠着本身收容老年人或精神病患的名声赚取收入。这类住院对象通常只要付钱，即可获得相当周到的照顾。实际上，根据规定，院长必须每周两次亲自探访每一名"退休人士"——这是院方对这些病患的称呼——"以便抚慰他们,并且清楚掌握他们的状况",才能向他们的家属提供内容精确的报告。[18] 只要冬天生起壁炉的炉火,再加上南侧窗外的河流景观,以及墙壁上的绣帷与地板上的地毯,即便是胡若望所住的那幢建筑也可以布置得相当舒适。此外,在慈善兄弟会的餐厅与伙房后方,还有另一幢独立的医院建筑,专门收容病危患者,里面只有一个大房间,放置十四张床,整齐排成两列。这个房间北端还设有一个圣坛,以便为躺在床上的病患举行礼拜。

这是医院原本的核心建筑,是 1641 年由军队审计长勒布朗 (Sébastien Leblanc) 捐赠给天赐圣若望会当中的慈善兄弟会的。[19] 医院本身尽可能保持洁净,因为兄弟会的许多成员都睡在主病房楼上的一排房间里。有些身家富有的退休人士——身心机能都还相当良好——也可和兄弟会成员住在位于医院主要大楼以东的宿舍,接近温室与院长住所旁那座美丽的花园。宿舍里设有一间撞球室,最受礼遇的退休人士甚至可以在山丘上的大花园里漫步,也就是围墙太矮而不能让危险病患进入的那座花园。[20]

慈善兄弟会对终身住院的退休人士收取六千法郎的费用。[21] 由于许多家庭都没有那么多的现金,因此也可用土地或房产支付,甚至是法国新兴的银行所签发的兑换票据——但有时会跳票,所以收到这类票据必须小心。[22] 有些家庭甚至也会把发疯的亲属送进医院里终身居住,并且承诺利用这名亲属死亡之后的遗产支付其住院费用。前国王的护卫火枪手让·巴蒂斯特·桑福瑞(Jean Batiste Sainfray)对他精神错乱的哥哥皮埃尔就曾采用这样的方法。[23] 对于慈善兄弟会而言，这种做法乃是一种精算赌博：举例而言，年纪老迈的弗朗索瓦・罗比亚尔（François Robillard）已在医院里住了十三年，各种花费早已超过了他支付的费用。[24] 除了前述的定额款项之外，终身病患家属在病患住院期间也必须额外支付每年一百二十至一百五十法郎的饮食与治装费。

沙朗通医院大部分的退休人士都必须付费才能获得收容。基本年费共有两种费率，一种从九百法郎起，可逐步提高至一千两百法郎；另一种则介于一千两百至两千法郎之间。支付较高费用的退休人士，每一餐都可吃到鸡肉或其他禽肉。肉类的份量随着费用的高低而增减。[25]

有些退休人士非常富有，个人财物的价值远比大多数人一生的收入还高。雷文涅男爵（Baron Leveneur）曾把他的绣花外套与背心交给慈善兄弟会贩卖，以便为退休人士的小礼拜堂购买新的圣坛罩巾，结果那两件衣服就卖了五百法郎。[26] 医院里甚至还住了一位算得上是贵族的英国人，人称曼纳斯先生（Mr. Manners），是拉特兰公爵（Duke of Rutland）的私生兄长。他在沙朗通医院已经住了八九年了。他也许和贝恩斯一样，原本随着遭到流放的詹姆斯二世来到法国，而在此待了下来。也有可能是他身世的丑闻太耸人听闻，所以他的英国亲属希望他住得愈远愈好。[27]

当初胡若望被送进沙朗通医院，看起来似乎至少会有三个付款来源：贝恩斯、法国政府与天主教会，但院方却至今为止都没收到一毛钱。贝恩斯从傅圣泽手上拿到的一百法郎，已经花掉了四十法郎，用于支付胡若望在圣凯萨琳客栈的食宿费，以及送胡若望到沙朗通的马车费，还有后续前去探望他的交通费。不过，剩下的六十法郎就没有再看到他拿出来了。国务卿迪布瓦与警察总监阿尔让松虽然承诺国王会支付胡若望的住院费用，却没有进一步落实承诺。罗马的枢机主教虽在傅圣泽的敦促下，开会决定透过驻在巴黎的教廷大使授予一笔款项，以便在胡若望恢复神智之后送他回中国，或者他如果没有康复，就用于支付他在沙朗通的住院费，但这笔钱却也一直没有拨出。问题在于这群枢机主教对于提拨这笔款项的用语非常谨慎，指示教廷大使只有在慈善兄弟会拒绝负担胡若望的基本食宿费用的情况下，才能使用教廷传信部的经费支付胡若望的开销。[28] 教廷大使认为这项指示的用意乃是要他寻求"教廷传信部的最大利益"与"最适合那名中国人的解决方案"，于是在10月与沙朗通医院的院长会面，说服对方把胡若望当成慈善个案收容。[29]

没有证据显示慈善兄弟会曾经刻意虐待胡若望，但他们的行为记录倒是显示他们除了每天例行照顾病患的工作之外，其他时间都是一副游手好闲的模样。有些人以高额赌注比赛撞球，有些人独自漫步于乡间，甚至经过变装改扮，有些则是徘徊在伙房里，借着烹饪的炉火取暖。有些人喜欢炫耀自己的怀表或是昂贵的鼻烟盒，或是在颈间露出一小片软布领、在袖子里装上假袖口、套上精致的长袜、在教士袍外穿上保暖合身的究斯特科尔式外套，甚至在他们样式朴素的鞋子别上铜纽扣。有些人刻意蓄长发，有些人以昵名来称呼退休人士和病患，甚至还曾经有人在医院的园区内射击火器——想必是兄弟会的成员打猎取乐，因为退休人士身上绝对没有枪支。[30] 实际上，慈善兄弟会的成员应该没有多少人经常见到胡若望。贫穷的病患都交由一名信徒照料，一个约聘的服务人员，名叫勒孔特（Lecomte）。慈善兄弟会对勒孔特不是很放心，但要找到愿意接下这种工作的人并不容易。[31]

根据知情人士所说，沙朗通医院的慈善病患所面临的最大问题，以及他们遭遇的"羞辱与痛苦"，可能只是种种平凡无奇的小事累积而成的结果：孤独与寒冷；缺乏富有病患所享有的若干享受；不得进入诊疗所、澡堂或者能够让人伸展走动的空间；缺乏阳光、没有蜡烛，也没有书本可以阅读或是任何活动可以做；完全没有任何"能够为他提供消遣或提振心情的小东西"。[32]贝恩斯曾在一时的善心大发之下，指称自己希望带些这样的东西给胡若望，但实际上并没有付诸行动。对于最贫穷的病患，院方不但不发放鞋子，也没有干净的衣物与床单。胡若望来到沙朗通医院的时候，身上穿的是傅圣泽在瓦讷帮他做的那套粗布衣服，当时就已磨损得颇为严重，另外还带了两套中式服装。这些衣服如果穿破了，也没有新的衣服可以替换。[33]

院长对于这些无关紧要的小细节所知不多，但他对胡若望的心智状态倒是颇为担忧。别人借着比划手势询问胡若望是否想要告解或是领圣餐，他以手势回答："不要。"[34]

1723 年 10 月 22 日 星期五——1725 年 8 月 9 日 星期四
沙朗通

没有人能够确知胡若望究竟神智正不正常；有些人说正常，有些人说不正常。教廷大使的预审官罗塔一度认为胡若望"已经恢复神智"，卡第纳里认为胡若望"多少有些愤怒"，贝恩斯则是不再问了。他已因往返沙朗通而用光了傅圣泽给他的钱。[35] 教廷大使谨守本分，大体上不发表评论，但认为目前还不适合送胡若望回家。[36] 阿尔让松已下达命令，只有经过他许可的人才能到沙朗通探望胡若望，所以胡若望并没有其他访客。[37] 院长曾想要找个会说中文的人，以便了解胡若望对于这一切的看法，但似乎都找不到这样的人，于是他也就放弃了。[38]

沙朗通医院的贫穷病患所住的病房并没有严格规划成一模一样的大小，但大致都是深 3.6 米、宽 2 至 2.7 米左右，内墙厚 50 厘米。病房的门扇由 5 厘米厚的橡木板制成，朝内开启，门外则由一只锁和一个门闩锁上。每一扇门在距离地面约 90 厘米高的地方都有个正方形开口，开口上有个能够从门外闩上的遮板。经营医院的慈善兄弟会成员若是对进入病房有所顾虑，即可轻易将餐点与饮水从这个开口送进去。

病房的墙壁与天花板都涂上灰泥，楼上的地板由砖块构成，一楼的地板则是由岩石砌成。每一间病房面对门口的墙上都有一扇窗，宽约 90 厘米，高约 1.4 米。窗格装有玻璃，但玻璃通常不是破了就是早已消失不见。[39] 此外，窗户可以让病患自行顺着滑轨上推开启。窗户外面装有交叉的铁栏杆，防止病患逃脱。

楼上的部分病房设有壁炉，位于南侧的房间可以望见入口处宽敞的庭院——当地的村民偶尔会把这座庭院当成公园——视野还可顺着一片缓坡延伸到马恩河畔。河边有个小码头，河上的驳船皆在此卸载医院所需的补给品。一楼所有病房的窗户都可由铁栏杆外的活动遮板关闭。这么一来，病房里就会陷入一片黑暗。

每间病房里的床铺都固定在窗户旁的角落。床架由 13 至 19 平方厘米的沉重木梁组成，固定在两面墙壁上，外侧角落再由一根同样厚重的木材当床脚。这些木梁上架着比较小的木板以构成床面，再铺上一个床垫。

每间病房在门边的墙壁上都有一个木箱，顶端开着一个椭圆大孔，圆孔底下摆着一只装粪便的桶子。在面向走廊的那道墙上，墙根有个正方形开口，由一片从外面闩上的橡木盖板关着。桶子一旦满了，盖板就可由房外打开，将桶子拿出去倒干净，同样不需要有人进到病房里。

从 1723 年 10 月 21 日——院长与教廷大使在这一天同意继续将胡若望当成慈善个案而收容在沙朗通医院——到 1725 年 8 月 9 日，总共六百五十八天期间，我们只明确知道院方给了胡若望一件物品。[40] 沙朗通医院的一名员工给了他一件品质不错的暖被，以供他夜里保暖。不过，胡若望却把被子撕成了碎片。[41]

注释

1. 建筑物、庭院的形状，埃斯基罗尔精神病院平面图，plate xxvii。我当初来到埃斯基罗尔精神病院，是因为福柯那部杰出的研究著作《疯癫与文明》(*Madness and Civilization*)。见他对沙朗通以及早期对精神病患治疗方式的描述，第 42—43、69—72 页。Mercier, *Tab-leau*, XII, 36，其中谈及慈善兄弟会如何背弃他们的志业，收容那些被秘密逮捕令指为精神病患的人士，而因此沦为狱卒。关于沙朗通的概述，见 Marcel Gauchet and Gladys Swain, *La pratique*。关于埃斯基罗尔扮演的角色，详见 P. Sevestre, "Eloge de la maison de Charenton"。关于当时蒙彼利埃（Montpellier）治疗精神病患的骇人方法，见 Colin Jones, *Charity and Bienfaisance*, pp.56-59。

2. 慈善兄弟会在 1723 年 8 月 14 日的会议中讨论了臭味的问题："la mauvaise odeur des lieux communes du dortoir [?et] d'au dessus [?de] la salle des malades"（宿舍公共区域和上方的恶臭可能是疾病的征兆），AN, AJ2: 84，同日期的章节。公厕修缮讨论于 1722 年 2 月 2 日的会议，但没有证据显示后来是否完成修缮工作。AN, AJ2: 84，1722 年 2 月 2 日，item 6。关于这些庭院卫生欠佳的状况——"vicieuse, defavorable au renouvellement de l'air"（格局不良，不利于空气流通）——见 Esquirol, p.545。

3. 胡若望与床垫，RF 527。根据贝恩斯转述，院长说胡若望 "se tenoit toujours fort tranquillement dans son lit, et qu'il avait fait porter son matelas dans la cour pour lui faire prendre l'air"（总是静静躺在床上，但他必须带着床垫到庭院里透透气）。

4. 傅圣泽针对这趟旅程写下的两页记述保存于 BAV, Borg Lat, 523, pp.84 v-85 v，正如魏若望，第 265 页，n.36 所示。这主要是一份支出费用的清单，字迹很潦草，难以阅读，其中也注记了给予贝恩斯的一百法郎。傅圣泽的姐姐，嫁给阿瓦隆领主 Antoine Guillaume d'Orbigny，见魏若望，第 77 页。

5. 傅圣泽觐见教宗，RF 528；魏若望，第 266 页，n.39。英诺森十三世在不久之后去世。与枢机主教会面以及陈情的计划，RF 528-529。

6. 担忧贝恩斯，RF 528-529。

7. 对于卡第纳里指称胡若望可能被赶出医院而忧心忡忡，RF 529。"Giovanni Hu"，BAV, Borg Cin, 467, pp.120-121，附录 F，给予枢机主教的信件系以意大利文写成，傅圣泽本身翻译的法文译本收录于 RF。傅圣泽在此处把胡若望的意文名字简写为 "Gio Hu"，全称为 "Giovanni"，BAV, Borg Cin, 467, pp.123-124，附录 I。

8. 傅圣泽不写信给胡若望。他在写给戈维里的信件附笔中，对此提出了一项毫无说服力的借口，BAV, Borg Cin, 467, p.181。

9. 关于傅圣泽这段时间在罗马的生活，以及嘉乐的问题，见魏若望，第 265—274 页。枢机主教在 8 月 16 日调查傅圣泽与嘉乐的往来，资料皆保存在收藏于大英图书馆的详尽文件："Risposte date dal. P. Gio. Francesco Foucquet"，BL, Add MSS 26817, pp.179-189。

10. 书籍遭到没收，魏若望，第 259 页，n. 21。最后一批书籍直到迪布瓦于 1723 年 8

月去世之后才被释出。这批书于 11 月运抵罗马——魏若望，第 284 页，n.89。

11　关于傅圣泽与利尼埃的冲突，见圣洁内薇也芙图书馆，MS 1961, pp.10-15v; quotations, pp.11v, 15，1723 年 6 月 29 日与 7 月 27 日的信。

12　关于新找到的中国人助手，见傅圣泽本身抄写卡第纳里在 1723 年 7 月 19 日所写的信，收录于 RF 527："vous avez trouve un jeune Chinois, qui vous remplace ce malheureux qui est reste ici à Charenton"（您找到了一名年轻的中国人，将取代那个待在沙朗通的不幸之人）。只可惜，傅圣泽自己描述这名中国助手的信件没有保存下来。这名年轻的中国人是谁呢？他很有可能是枢机主教嘉乐的随行人员，跟着嘉乐在 1723 年 5 月来到罗马，比傅圣泽早了一个月（见魏若望，第 266 页）。傅圣泽在 1725 年 1 月 2 日于盛怒之下写给戈维里的那封信件里，特别提到有七个人都带了中国人到欧洲来，其中之一就是嘉乐。另外六人分别为洪若翰、艾若瑟、Bernard、张安多、马国贤与梁弘仁。BAV, Borg Cin, Bernard 467, p.157.（艾若瑟带了樊守义；梁弘仁比他早了几年带着黄嘉略来欧；马国贤带了四名中国人到那不勒斯向一名中国老师学习，但这应是晚了一年的事情。马国贤与傅圣泽确实在 1724 年于罗马会面，BAV, Borg Cin, 467, pp.131, 143。）

13　三千法郎的"税"，AN, AJ2: 84，1722 年 2 月 2 日的章节，第 12 条。对缺乏资金的机构捐输，同前，1720 年 1 月 4 日、1721 年 4 月 6 日、1721 年 12 月 8 日、1722 年 6 月 28 日、1723 年 2 月 14 日及 1723 年 9 月 5 日等章节。家具和银器，1725 年 8 月 26 日。

14　漏水与包商问题，同前，1721 年 3 月 5 日与 1720 年 8 月 8 日的章节。贮水槽与水泵，同前，1722 年 2 月 2 日的章节，第 6 条，以及 1723 年 2 月 14 日。土地与不动产交易，1719 年 11 月 3 日、1720 年 4 月 25 日与 1723 年 10 月 24 日等章节。关于这些题目的其他数十项资料来源，见 AN 与 AJ2 的完整目录，Jean Favier, *Les Archives Nationales, Etat Général des fonds*, II（巴黎，1978），496-497。

15　关于葡萄树、树木与粪肥的描述，见 AN, AJ2: 84, 1721 年 12 月 8 日、1723 年 7 月 6 日、1723 年 10 月 24 日与 1725 年 6 月 3 日等章节。

16　沙朗通的协议，同前，1725 年 10 月 25 日的章节；洛里埃的官司战，1721 年 3 月 5 日的章节。Esquirol，第 549 页也提及他们与洛里埃的长期纷争。

17　小卡雷，1725 年 2 月 18 日的章节，以及罗比亚尔家族，1721 年 6 月 24 日与 1724 年 8 月 10 日的章节。其中最大笔的不动产购买——以五万利弗尔向费里埃(Ferrière)伯爵买下圣安东路 16 号的宅邸，结果导致无穷无尽的财务与现实问题——可追溯于 1724 年 6 月 5 日、1724 年 7 月 6 日、1724 年 8 月 7 日、1724 年 8 月 10 日与 1725 年 12 月 19 日等章节里。

18　院长探访，1722 年 2 月 2 日的章节，第 5 条，"autant pour les consoler que pour connoitre leur situation"（目的在于抚慰病患以及了解他们的状况）。Esquirol，第 551 页，误以为这种探访是一周一次。

19　建筑物的历史，Esquirol，第 541—542 页；医院的描述，Esquirol，第 547 页。AN,

AJ2: 87 的条目"Chronologie de faits intéressant l'histoire de l'hospice de Charenton, de 1646 à 1717"（沙朗通医院历史事件年表，1646—1717 年），虽然标题看起来相当吸引人，内容却只有一小页，只记载了 1641 年的许可证、1717 年的证照更新、1676 年举行的祈祷式，以及 1679 年的礼拜堂捐赠仪式；除了日期之外，仅有简短的评论。

20 退休人士与慈善兄弟会成员住在同一栋宿舍里，以及撞球室，Esquirol，第 548 页。进入花园的特别通行权，第 547 页。关于萨德侯爵被监禁在沙朗通医院期间所享有的各种令人惊讶的乐趣，见 Gilbert Lely, *Vie*, pp.595-605; Peter Weiss, *Marat-Sade*。

21 入住沙朗通医院的费用：一般数字，Esquirol，第 553 页。细节见 *Registres des actes Capitulaires (1719-1742)*", AN, AJ2: 84，1719 年 11 月 5 日、1720 年 4 月 25 日与 1720 年 8 月 25 日等章节，全都支付六千利弗尔的款项。蒙彼利埃精神病院的类似费用可见于 Colin Jones, *Charity*, pp.58-59。

22 银行汇票与兑换票据可见于 1720 年 8 月 25 日、1721 年 5 月 14 日及 1721 年 6 月 24 日等章节。

23 关于桑福瑞家族的安排，AN, AJ2: 84，1719 年 11 月 5 日的章节。尚·巴蒂斯特·桑福瑞同意支付每年三百利弗尔的一般开销与一百五十利弗尔的餐饮及治装费，而且全部以现金支付。

24 罗比亚尔，AN, AJ2: 84，1721 年 6 月 24 日的章节。这样的例子当然可由寿命短促的病患获得弥补，例如 Guillaume Seguiry——AN, AJ2: 84，1720 年 4 月 25 日、1720 年 8 月 25 日、1721 年 4 月 6 日——送进医院后只活不到一年。在这个案例中，慈善兄弟会还退了一些钱给病患的遗孀。额外费用列于 1719 年 11 月 5 日、1720 年 4 月 25 日与 1720 年 8 月 25 日等章节里。

25 年费费率和饮食品质的关系，AN, AJ2: 84，1724 年 12 月 23 日的章节。

26 雷文涅的外套，AN, AJ2: 84，1725 年 8 月 26 日。我猜测这件外套应有绣花——根据雷文涅的身份地位，那件外套可能是某种宫廷礼服。

27 院长、贝恩斯与马纳斯家族，RF 526-527。傅圣泽将曼纳斯的姓氏拼写为"Mannours"，弟弟的爵位则写为"伯爵"。实际上，路特兰爵位原是伯爵，后改为公爵，傅圣泽所谓的"Mannours"必然是指 Charles 或 John Mannours，因为鲁斯勋爵（Lord Roos）——后来的路特兰伯爵，也是第一位路特兰公爵——和第一任夫人安妮·皮埃彭特（Anne Pierrepont）在 1666 至 1670 年间闹了一场轰轰烈烈的离婚暨外遇案，以致这两个儿子被国会法案宣告为私生子。若要阐明这件迂回曲折的案子，恐怕需要好几本书的篇幅。基本资料来源在《国家文书汇编》（*Calendar of State Papers*），国内系列，查理二世、詹姆斯二世与威廉三世在位期间，以及《上议院主要文书汇编》（*The Main Papers of the House of Lords*）。关于这件案子的概要，见 Antonia Fraser, *The Weaker Vessel*, pp.298-310。这本书在结论中指称这两名无辜的孩子在 1699 年之后"就从史页上消失了"（第 308 页）；而傅圣泽提及的线索正为这则事件提供一项引人好奇的后续发展。这个奇特的故事在后来又演变得更加复杂，原因是路特兰伯爵在 1684 年 1 月 23 日正式收养一名"疯子"，是他的好友佛特斯鸠爵士（John Fortescue）身后留下的孤儿。

28 贝恩斯对于四十法郎的说法（quatre pistoles），RF 527。傅圣泽论迪布瓦，RF 550。警察总监埃罗对于无人付款的陈述，RF 547。卡第纳里提及胡若望受到的照顾"sans nous rien rechercher"（完全没有付费），RF 532。贫穷病患的服务人员（勒孔特的继任者？）在 1725 年底也向戈维里说了同样的话。BAV, Borg Cin, 467, p. 170。

29 傅圣泽、枢机主教以及教廷大使对于命令的解读，RF 529-533；教廷大使的引文，第 531 页；教廷大使探访的日期推定为 1723 年 10 月 21 日，星期四，RF 532。傅圣泽在后来懊恼地发现贝恩斯把钱花在往返沙朗通的旅费上，而不是胡若望身上，RF 534。

30 慈善兄弟会成员这些轻微的出轨行为记载于 AN, AJ2: 84，1722 年 2 月 2 日（items 10, 11）；1724 年 12 月 23 日（items 7, 8）以及 1726 年 7 月 7 日等章节各处，其中提及服装、怀表、鼻烟盒，以及在乡间游荡。

31 勒孔特在 1724 年 12 月 3 日"不被信任"而遭投票去职（该日期的章节，AJ2: 84）但继任者尚未觅得。

32 "羞辱与痛苦"是戈维里的话，BAV, Borg Cin, 467, p.170，1725 年 10 月 30 日写的信。富有病患的若干享受：诊疗所，1722 年 2 月 2 日的章节；鞋子，1724 年 12 月 23 日的章节；澡堂，Esquirol，第 546 页。

33 傅圣泽听闻胡若望没有"linge"（换洗衣物）而深感震惊，RF 534。胡若望的服装细节来自卡第纳里，RF 571，而且他的记载应该相当精确，因为他可能帮胡若望打包了行李。贝恩斯谈及希望协助胡若望，RF 527，1723 年 5 月 10 日的信。

34 院长与圣餐礼，BAV, Borg Cin, 467, p.165，戈维里在 1725 年 10 月 15 日写的信。这名院长应该是蒂书潘，选出于 1723 年 5 月 21 日，见该日的章节，AN, AJ2: 84。

35 罗塔，胡若望"revenu de toutes ses extravagances"，RF 531。卡第纳里，胡若望"quasi enragé"，RF 533。贝恩斯把所有钱花在旅费上，RF 534。

36 教廷大使的告诫可见于他在 1723 年 10 月 11 日与 1723 年 12 月 13 日所写的信（RF 530-531, 533）。胡若望后来向戈维里确认他和教廷大使完全听不懂对方说的话——"sans pouvoir se faire entendre l'un à lautre"——BAV, Borg Cin, 467, p.170，1725 年 10 月 30 日的信。

37 阿尔让松的禁令没有明确的理由——也许只是秘密逮捕令的例行程序——但卡第纳里在 1723 年 7 月 19 日的信件里提及这道禁令（RF 527-528）："personne ne peut lui parler sans la permission de M. D'Argenson"（如果没有阿尔让松先生的许可，任何人都不得与胡若望谈话）。

38 寻找通译，RF 533。夏德修神父在这段期间曾身在巴黎（荣振华：《十六至二十世纪入华天主教传教士列传》，no. 592，以及圣洁内藏也芙图书馆，MS 1961, p.8v，利尼埃在 1722 年 10 月 10 日写给傅圣泽的信）。不过，他只在澳门和中国待了四年，而且其中有些时间还遭到逮捕，所以中文能力大概不足以担任翻译。

39 关于医院病房的详细资料可见于 Esquirol，第 544—548 页，而且是基于他在十九世纪于该医院担任主任医师的亲眼观察。后来那座医院即遭到拆除，改建了一座他心目中的"模范医院"。病房里破损的玻璃，AN, AJ2: 84，1722 年 2 月 2 日，第 6 条。关于同时代其他疯人院的分析与图示，见 Grace Goldin, "Housing"。

40 这段时间止于教廷大使的第二次探访，而且带着巴罗齐神父同行。1724 年是闰年，所以多了一天。

41 撕碎被子一事，RF 536；巴罗齐在 1725 年亲自向傅圣泽告知这项举动，一如傅圣泽在 1725 年 11 月 15 日写给戈维里的信件附笔中所示，BAV, Borg Cin, 467, p.181。

第十章 获释

1725 年 8 月 10 日　星期五

沙朗通

　　有人对胡若望说着中文。自从 1723 年春天，傅圣泽问他是否愿意改变主意前往罗马之后，他就不曾听别人说过他的母语。说话的人是个高大黝黑的男子。他说话带有外国人的口音，但会说粤语。

　　这个人是越南的东京人，由教廷大使带到沙朗通。而这位教廷大使，就是胡若望在将近三年前的一天早上曾经帮他搬过椅子的那一位。[1] 这名东京人之所以懂得中文，其实是个巧合的结果。他在奥斯定会士巴罗齐（Roberto Barrozzi）的引导下皈依天主教，后来巴罗齐从北圻被召回欧洲，他们为了等待前往法国的船只而在广州住了将近一年，于是这名东京人就趁机学了中文。他在巴黎住了一阵子之后，也很快学会了法语。[2] 教廷大使手下的人员听闻巴罗齐身边有这么一个懂得三种语言的人物，就告知了大使，结果他也因此想起罗马的枢机主教曾在两年前要求他不时前去了解胡若望的精神状态。这么一来，他即可透过这名东京人的传译与胡若望当面谈话，自行判断他的情况。

　　胡若望在教廷大使面前颇为健谈，但话题却一直围绕在一项主要论点上：傅圣泽欠他一笔钱。他们两人当初曾有协议，但傅圣泽没有遵守诺言。胡若望原本应当每年收到二十两的酬劳，却一毛钱也没拿到。傅圣泽必须清偿欠款。

那名东京人尽力转达胡若望的话，但还是不免听不懂而漏掉某些词句。教廷大使记下了傅圣泽对胡若望欠钱这回事。此外，他也对医院院长刚告诉他的一件事情很感兴趣，也就是胡若望好端端撕碎了一件暖被。"我撕我自己的被子有什么不对？"胡若望答道，"那件被子本来就是给我的。"在这两位访客离开之前，胡若望匆匆写了一封给傅圣泽的信，问他什么时候会回巴黎。他把信交给那名东京人，显然认定对方会把信送到罗马。

　　教廷大使认为胡若望可能神智正常，于是决定询问船班，包括从圣马罗、路易港或奥斯坦德起航的船只，因为罗马的枢机主教曾在两年前表示他们将支付胡若望的返国旅费。他认为傅圣泽如果真的欠胡若望钱，就应当出钱为胡若望治装，并且帮他负担从广州返回家乡的旅费。教廷大使决定写信建议傅圣泽这么做。在一片混乱当中，胡若望的信却不慎遗失了。

1725 年 9 月 24 日 星期一

罗马，巴黎，沙朗通

    教廷大使的信在 8 月底送到傅圣泽手上，而他也随即回信指出：胡若望从来不曾按照合约履行他所应做的工作。[3] 胡若望一再令他失望，因此没有权利要求每年二十两的酬劳。"胡若望如果要求我支付他的薪资，足见他的神智还未恢复正常。"傅圣泽认为自己的立场完全站得住脚，但仍然没有忽略教廷大使在信中的暗示，亦即只要傅圣泽愿意出钱，他就会送胡若望返回中国。傅圣泽虽然近来刚升上主教，手上却没有太多闲钱。他的主教职位仅是个荣衔——他现在的职称全衔是厄劳式劳城非信徒地区主教（Eleutheropolis *in partibus infidelium*）——换句话说，他的主教辖区只存在于历史中，是个位于马其顿与巴勒斯坦境内的区域。耶稣会的规章禁止成员接受这种头衔，但刚上任的教宗本笃十三世却免除了傅圣泽年轻时宣告绝不接受这类荣誉的誓言。[4]

    早在回信给教廷大使之前，傅圣泽就已送出一份备忘录给主掌中国事务的枢机主教委员会，领导人仍是萨克里潘特。他提醒了他们那个随他前来欧洲担任秘书与助手，协助他翻译中文书籍的"中国文人胡若望"。他提到教宗特使嘉乐曾说胡若望如果到了罗马，他愿意帮他找份工作。傅圣泽提醒了他们胡若望发疯的过程，以及教廷大使如何慨然相助，将这名中国人送进慈善医院里。最后，傅圣泽也向这群枢机主教提醒了他们在 1723 年 9 月投票决定资助胡若望的宽厚之举，并且提议他们可以再次实施这样的善行，出资为胡若望购置衣物以及为他支付当地的旅行费用。"我恳求各位大人不吝于以这样的恢宏善举嘉惠这名新进信徒，"傅圣泽在结论中写道，"尤其是截至目前，对于这个人的支应完全没有造成传信部枢机团的任何花费。"[5]

到了 9 月 5 日，那群枢机主教已决定支付胡若望的返乡旅费以及其他合理的附带开销。他们得知胡若望就住在广州，因此认定没有必要在他于广州上岸之后进一步供应陆上旅费。[6]他们这么通知了驻巴黎的教廷大使。

教廷大使在 9 月 24 日回信，感谢萨克里潘特的慷慨施惠。开往中国的船班要到明年 1 月才会起航，所以他们有"许多时间能够安排那名中国人的旅程"。[7]

胡若望仍被留在沙朗通医院里。

1725 年 10 月 12 日　星期五
沙朗通

　　戈维里神父对于胡若望的问题已担忧了将近四年。他当初不希望傅圣泽带中国人助手前往欧洲，一是他不同意傅圣泽对中国典籍的宗教诠释，二是因为傅圣泽偏向教廷传信部对中国礼仪的立场，还有，胡若望如果死于海外，广州的天主教群体将不免要承担其法律后果与金钱敲诈。由于这几个原因，也许再加上他本身对傅圣泽的厌恶，他试图对印度公司的总管人员布雷特舍与特维尔施压，希望他们阻止傅圣泽的中国助手上船。

　　胡若望离开广州之后，戈维里最担忧的恐惧就大致上成真了。胡若望的母亲与兄弟几乎从一开始就对广州的耶稣会士纠缠不休，不断向他们要钱，认定胡若望既是耶稣会的成员，戈维里自然必须为他们的生计负起责任。戈维里把他们转给传信部的潘如神父来回避问题，毕竟胡若望原本就是在那里工作，而且潘如也协助了胡若望踏上欧洲之旅。此外，一个中国男孩在珠江河畔的稻田里割稻，却遭到一名在长舟上猎鸟的英国水手开枪误击身亡，以致华洋之间的关系又再次严重紧张。[8] 这起事件发生于 1722 年 10 月，结果前一年才刚在一场意外杀人案中侥幸逃过一劫的斯卡特古德只得筹措两千两作为赔偿，但男孩家人只收到三百五十两，其他钱都被地方官员层层克扣了。当地居民对于这起事件仍有愤怒的耳语。

巧合的是，康熙皇帝于 1722 年 12 月驾崩之后，传教团在中国的处境也开始改变。继位的皇子雍正对欧洲人及其宗教不屑一顾，以致大多数传教士都被放逐到广州或澳门。⁹耶稣会在北京的影响力顿时告终，于是借由包容中国人的意识形态而改变其宗教信仰的策略——利玛窦在十六世纪末开始采取这种做法，此后即持续流传下来——也就不免受到质疑。

　　戈维里于 1724 年搭乘英国船只蒙塔古号（Montague）返回欧洲。他在航行期间写信给傅圣泽，于 7 月上岸之后寄出，信中向他告知了中国当前的悲惨状况，同时也对傅圣泽的中国典籍诠释观点提出评论："你希望借着阐释中国的典籍体系而挽救中国传教团，揭开长久以来掩藏了真正宗教的大奥秘的那道面纱。"傅圣泽也许怀疑这句话带有讽刺或批评的意味，于是在信纸边缘注记指称戈维里根本不了解他的观点，但仍在 9 月底以恭敬有礼的言词回信，讨论中国典籍与政治的议题，并且询问他在中国认识的诸位神父的近况。不过，傅圣泽在最后还是忍不住嘲讽一下对方。在信末的种种问候语之后，他接着写道（姓氏的拼字稍微有些错误）："此外，您若晓得布雷特舍与特维尔两位先生的任何消息，也请惠予告知。"

　　戈维里在 11 月 5 日回信。他在巴黎生了一场病，这时正在医院里休养。他回答了一切关于中国耶稣会士的问题，但没有理会傅圣泽对布雷特舍与特维尔的询问。11 月 22 日，傅圣泽还来不及回信，戈维里就再次写信对他提起两项议题。其中一项是多年来一再有人以繁复细腻的手段企图阻挠傅圣泽的图书采购活动，以及这些书本的归属问题；另外一项则是胡若望的问题，而且从信中明显可见戈维里已知晓了胡若望在法国的状况。他描述了胡若望的家人缠着耶稣会士要钱的情形，接着指出：他们要是听闻了胡若望的"病况"以及他的遭遇，将会作何感想？"他的妻儿有可能放过我们吗？如果那个中国人最后没有回国，而是死在法国，他们岂不是有权要求高额的损失补偿？"中国人极好兴讼，广州人更是如此，戈维里表示。看看近来那三件欧洲人造成中国人死亡的案例，每件案子都迫使欧洲人付出惨痛代价。傅圣泽是不是应该说服教宗把胡若望送回中国？

傅圣泽怒气冲冲地在 1725 年 1 月 2 日回信。"我认为您的担忧未免太过了。"他写道。当初要不是因为戈维里从中作梗，他大可雇用一名经过适切挑选的中国人，"不仅能够胜任我交付的工作，也不会像这个人带给我那么多的麻烦"。胡若望是个四十岁的成年人，他如果想走出属于自己的路，他的儿子盖斯帕又怎么能够抱怨呢？况且胡若望也没有妻子，他的妻子早在许久以前就去世了。那三个案例的中国人家属之所以取得补偿金，原因是那些事件都涉及了枪支刀剑的暴力行为，甚至还有攻击中国官方人员的举动。在那种案例中，"民众看见同胞流血，因此为了报复而不惜采取极端手段。中国官员有权惩罚残暴轻率的外国人"。但在胡若望的例子当中，

"既然没有人犯下罪过，无辜的人又为何应该受罚呢？"胡若望如果死在欧洲，难道有人能够"合理宣称他是因为受害于欧洲人而死的吗"？戈维里究竟是想要建构出什么样的普遍规范？"难道说只要有中国人随着我们搭船前往西方国家，我们就有责任保证他们必然永远都不会死吗？谁会这么想？就算是中国人也不会吧？"

戈维里没有回复这封措辞尖锐的信，也没有立即采取行动。[10] 一方面是因为阿尔让松禁止其他人探望胡若望，另一方面还有时机的问题。戈维里认识了贝恩斯，并且透过贝恩斯得知沙朗通医院的院长对于胡若望尚未领圣餐也尚未告解而颇感不安，原因是当地找不到懂中文的教士。戈维里如果前去接受胡若望的告解，虽可借此规避阿尔让松的禁令，却不免违反另一项禁令，亦即巴黎大主教诺瓦耶枢机主教禁止耶稣会士在他的辖区里聆听告解的命令。傅圣泽曾经为了聆听胡若望的告解而获得特许，戈维里于是要求沙朗通医院的蒂尔潘院长（Theophile Turpin）取得另一项特许，以便让他前往沙朗通。院长同意了他的要求，戈维里随即动身出发。

胡若望讲述了自己的故事，也表达了自己的想法之后，接着便提出内心的疑问："为什么把我关起来？"戈维里不忍心对他说原因是他们认为他疯了，于是回答道：因为你认为你母亲身故的时候，曾经表示出极度哀伤的模样，因此大家都很担心你的状况。因为大家担心傅圣泽神父一旦离开之后，你就只剩下孤身一人在巴黎，届时可能又会走失，甚至遭受伤害。

胡若望与戈维里在接待厅里谈话，而他们楼上就有一间供退休人士使用的小礼拜堂。礼拜堂内的圣坛装饰着一件华丽的罩巾，由红色天鹅绒和金色布料做成。当初院方出售雷文涅男爵的外套与背心得款五百法郎，结果慈善兄弟会又投票决定额外添加五百法郎，才购置了这件罩巾。

戈维里聆听了胡若望的告解。他和傅圣泽一样尊重胡若望的隐私，却不认为胡若望疯了。他认为胡若望是个中国读书人，不但遭到令人发指的不当对待，而且还被剥夺了应得的工资。戈维里希望胡若望能够获得释放。他不会违反告解的保密原则，也没有必要。他只会向他在巴黎的友人概述自己的所见所闻，接下来就交给他们去口耳相传即可。

戈维里离开之前，嘱咐胡若望再次写信给傅圣泽。而这一次，戈维里将会确认胡若望的信确实寄了出去，而且也会用自己的话将胡若望告诉他的一切转告给傅圣泽。

胡若望写给傅圣泽的信

写于 1725 年 10 月 15 日至 30 日之间

沙朗通

　　谨启奉者：忆自粤东航海同行，及至一年有奇月日，即到大西巴里（译注：即巴黎）京城。并无过犯，可谓托赖天主、罢德肋（译注："father"之音译，意为神父，在此信中指傅圣泽）保佑，不辱相携。执事咸宜，难谢万一矣！岂派从无相识之奔事，晋住其楼？不知悉听而妄称罢德肋杀人，令我害怕，连日其苦，曾告白无罪，既辞，又强种种应对。已于至西洋五十个月日，纳有启一封，交现住间置沙榔东（译注：沙朗通）高汉人手送投阅，请示归期，未知到否？目前又会清水濠堂戈老爷（译注：即戈维里）驾临慰言，道及老伯尔台现在罗母府（译注：即罗马），□□无恙。常思至西转广东，请□□□□在迩，难容失信，陷我□□□往，养亲有缺，瞻礼进堂、伏听弥撒等事俱失，恐大得罪天主，则深难谊赎，兹因悃情叩及便呈，仰希金谅，凡事省察循理。祈早示行旌，统难失望可也。不宣，禀上

　　傅罢德肋圣讳方济各老爷　座前

　　赣郡堂晚生胡若望顿首[11]

1725 年 11 月 15 日 星期四

罗马

　　傅圣泽在 11 月 12 日星期一晚上收到了戈维里的一封长信，信中描写了他在 10 月间到沙朗通与胡若望见面的经过。这时傅圣泽正要离开枢机主教瓜尔特里奥（Gualterio）位于奥尔维耶托的乡间别墅，结束这几个星期以来受邀作客的愉快假期。他在星期三晚上抵达罗马，发现胡若望的信已送达了他的住处。

　　傅圣泽在星期四上午回信给戈维里，整封信长达十二页，而且从头到尾怒火炽烈不已。他把胡若望的信斥为一堆乱涂乱写的中文，是头脑不清的胡说八道，是疯言疯语。[12] 不过，既然胡若望的信加重了戈维里字里行间对他的指控，他也只好一一回应他们的论点，傅圣泽写道：

　　　　你们两人总共提出三项要点。第一是胡若望应当也想要返回家乡，第二是胡若望神智相当正常，第三是我欠胡若望钱。关于第一点，请让胡若望走吧！愈快愈好，前提是他这次真的愿意走，而且经过他在赴欧途中的行为表现之后，看看现在还有哪一艘船的船员愿意让他上船，不论是从奥斯坦德还是任何其他地方出发的船只。

　　　　至于第二点，有关胡若望的神智状况。向十字架磕头在中国是可以接受的行为，但通常是三次、四次或九次，而不是胡若望的五次。此外，他在巴黎街头上到处游走，以及哀悼他根本没有去世的母亲，又该怎么说呢？他在路易港骑走别人的马、持刀挥舞、撞坏贝恩斯家中的房间门扇、在圣保罗教堂讲道、冬天睡在敞开的窗户底下、在发愿者之家的圣器收藏室里跳来跳去、在冬雨之中一路走到奥尔良的行为，又该怎么解释？问问贝恩斯和他女儿是否认为胡若望神智正常。问问教廷大使的下属。

至于第三点，所谓欠胡若望钱？合约就是合约。胡若望拒绝履行他的工作，不论是因为头脑不清楚，还是恶意违约，或是生性桀骜不驯，还是出自叛逆的心态——不论你挑选哪一项为借口都没关系，反正每一种情形都可以找到许多例子。胡若望什么都没做，但在广州就已拿了十两半的现银。他有一件精致的被褥，在路易港也获得一套华美的服饰，还得以搭车前往巴黎。他不愁吃喝，又有先前托给贝恩斯的一百法郎。对于这么一个人，还有什么好说的？直接当面说他疯了就好了。

就让传信部出钱让这个人搭船离开吧！不过，戈维里，当初是因为你在广州多管闲事，才导致我雇不到其他中国人，而只能有这么一个选择。

傅圣泽敬上

1725 年 12 月 5 日　星期六

巴黎

巴黎的警察总监换了新人，名叫埃罗（René Herault），上任还不到三个月。他几乎一上任就听到了传闻。警察总监的工作本来就是要掌握各种传闻并且加以遏止。沙朗通医院似乎有个不该在那里的中国人。

埃罗行事极有效率。他比阿尔让松当初接任此一职位的年纪稍大，但也只有三十四岁。他是鲁昂的一名木材商人之子，第一任妻子过世之后再娶，而且前后两任妻子的父亲都是在政界深具影响力的成功人士。他在巴黎和乡间担任过若干重要的法律职务，表现杰出。[13]

埃罗发现胡若望被监禁在沙朗通医院的授权来源是他前任的阿尔让松与国务卿迪布瓦所签发的秘密逮捕令。[14] 他们承诺由国王的财政大臣支付胡若望的抚恤金，但这笔钱却从来没有拨下来。阿尔让松既已不在其位，迪布瓦又已经去世，埃罗于是向新任国务卿取得一份撤销前令的命令。胡若望终于得以获释。[15]

埃罗安排胡若望住在巴黎一间舒适的套房，并且让他好好梳洗一番，换上体面的服装。他要求财政部提供八百法郎，以支付胡若望返回中国的旅费，以及弥补他没有领到的抚恤金。[16] 埃罗要求教廷大使立即向奥斯坦德东印度公司一艘预计于 1 月出发的船只订位。

埃罗还安排了一个人到胡若望的住处教他法语。

1726 年 1 月 16 日　星期三

巴黎

胡若望离开了巴黎，搭乘长途马车，隆隆地朝北驶向布鲁塞尔。他在那里将与名叫斯皮内利（Spinelli）的另一位教廷大使暂时住在一起，然后再转车前往奥斯坦德，搭上奥斯坦德东印度公司的船只航向广州。[17]

胡若望自从获得警察总监埃罗下令释放之后，行为举止就一直非常糟糕。他拒绝上法语课，也在他居住的公寓里吵闹不休，埃罗只好将他转移到巴黎教廷大使马塞伊的宅邸。不过，胡若望在马塞伊的住处也没有表现得比较好。[18]

马塞伊再次派他手下的监督官卡第纳里看管胡若望。这项任务指派显得相当合理，毕竟他们两人先前就已认识。在 1 月底即将由奥斯坦德起航的其中一艘船上，已经确认有胡若望的船位，而且卡第纳里两度为胡若望订了从巴黎到布鲁塞尔的长途马车，以便让他及早登船。不过，胡若望两次都在最后一刻拒绝上车，结果订金都因此遭到没收。

这一次，卡第纳里把胡若望带到乘车地点，并且带了一名耶稣会神父同行，协助翻译以及其他可能出现的问题。马车即将出发之际，胡若望又再次退缩而拒绝上车。卡第纳里想要把他推进车门里，胡若望却紧抓着卡第纳里的上衣。卡第纳里再度用力一推，又加上几个旁观者的帮忙，胡若望终于被推着一头栽进了马车里。他就在摔跌进去的同时往后一踢，正中卡第纳里的胸部，踢得他倒退了好几步。除了胡若望之外，车上只有另外一名乘客。卡第纳里请他在途中帮忙看管胡若望。卡第纳里可不打算自己陪伴胡若望同行。

卡第纳里在四年后忆述这起事件，指称他已不记得目睹这一切经过的那位耶稣会神父的姓名。当然，我们知道那位神父就是戈维里，直到最后一刻都还不断热心传译，直到胡若望安然驶离他们的视线之外为止。[19]

注释

1. 东京人通译、巴罗齐与教廷大使，RF 534-535。胡若望对于那件被子的回应，RF 536。傅圣泽提到那名东京人肤色黝黑——"bazané"——就像胡若望一样，而且相貌也几乎和他一样丑陋。我认为这场会面的时间是 8 月 10 日，原因是教廷大使在 8 月 13 日写给傅圣泽的信中指称他"depuis peu"（最近）见到胡若望。根据当时的用语习惯，他见到胡若望如果是三天以前的事，他就一定会指明日期，如果不到三天前，也一定会注明是"昨天"或"前天"。不过，信件内文并未指明日期。关于胡若望仍然听不懂教廷大使的话，见 BAV, Borg Cin, 467, p.170。

2. 那名东京人和巴罗齐在那年稍晚前往罗马之后，傅圣泽即认识了他们。他对那名东京人的评语非常正面——认为他与胡若望形成强烈对比——因为他让巴罗齐相当开心，还成为教士，并且以传教士的身份返回家乡。傅圣泽认为那名东京人的法语和中文都不太流利，但足以应付这两种语言的简单对话，RF 535。

3. 傅圣泽对教廷大使的回信日期在 RF 536 误植为 9 月 12 日。9 月 2 日的正确日期可见于 BL, Add MSS 26817, p.256。

4. 傅圣泽在 1725 年 3 月 25 日就职为主教，见 RF 535。对于耶稣会士的此一职位与教规，见魏若望，第 277—281 页。关于厄劳武劳城这个教区，同前，第 278 页，n. 79。

5. 傅圣泽向枢机主教提交的陈情书并未收录在 RF，但其法文版本完整收录在 BL, Add MSS 26817，是额外插入的一页。1725 年 8 月 31 日的日期，注明于意大利文的原文本，收录为文件附录的附件 I，BAV, Borg Cin, 467, pp.123-124，傅圣泽在其中把胡若望的姓名写为"Giovanni Hu"。

6. 傅圣泽似乎一时误解了教廷大使认为他应负担胡若望从广州返家的旅费的说法，以为教廷大使要求他支付胡若望从沙朗通到中国的旅费"pour l'envoier au lieu de l'embarquement"（BL, loc. Cit., p.257 v）。根据傅圣泽自己抄写于 RF 534 的抄本，教廷大使所写的其实是"pour le conduire du port chez lui"。

7. 教廷大使的回信以及没有开往中国的船班一事，见 RF 538。意大利文的原文版本收录于 BAV, Borg Cin, 467, pp.125-126，附录 L。

8. 关于这段时期的背景，见魏若望（戈维里与傅圣泽的联络记载于索引，第 486 页）。关于欧洲杀人案，Morse, I, 174-175。Rosso, Bontinck, Mungello, Pfister 与荣振华（见书目）全都提供了有用的资料。

9. 雍正在位期间关闭广州天主教教堂，见《广州府志》第八十七卷第二页的简短记载。

10. 这一部分的资料主要来自戈维里与傅圣泽之间饶富兴味的书信往来。此处参考的信件全部收录于 BAV, Borg Cin, 467, pp.129-182。详列如下：
    第 129—131 页。戈维里写给傅圣泽的信，1724 年 7 月 25 日，提及蒙塔古号。
    第 132—135 页。傅圣泽写给戈维里的信，罗马，1724 年 9 月 29—30 日。
    第 136—140 页。戈维里写给傅圣泽的信，巴黎，1724 年 11 月 5 日。
    第 140—142 页。傅圣泽写给戈维里的信，罗马，1724 年 12 月 7 日。

第 142—149 页。傅圣泽写给戈维里的信，罗马，1724 年 12 月 20 日。

第 150—153 页。戈维里写给傅圣泽的信，巴黎，1724 年 11 月 22 日。

第 153—165 页。傅圣泽写给戈维里的信，罗马，1725 年 1 月 2 日。

第 165—169 页。戈维里写给傅圣泽的信，巴黎，1725 年 10 月 15 日。

第 170 页。戈维里写给傅圣泽的信，附上胡若望的信（巴黎，1725 年 10 月 30 日）。

第 170—182 页。傅圣泽写给戈维里的信，罗马，1725 年 11 月 15 日。傅圣泽以相当篇幅为戈维里的 1725 年 10 月 15 日信件摘述大纲，收录于 RF 540-547，其中可见到许多扭曲和省略。

11　作者在此处的翻译绝对算不上精确，因为手稿本身的文字颇为模糊不清，又有不少破损处。"老伯尔"一词胡若望对教宗的称呼，傅圣泽在 BAV, Borg Cin, 467, p.176 指出了这一点。我把"高汉人"译为"a tall Chinese"（高个子的中国人），但实际上也可能是指"姓高的中国人"。胡若望这封信原以墨水写成，现已褪色成红褐色；他使用的羽毛笔显然相当细，写于一张宽 54 厘米、高 23 厘米的草纸上。这份手稿保存在梵蒂冈图书馆的零散中国文件，BAV, Borg Cin, 511, no. 5（我之所以找到这项资料，必须归功于魏若望，第 264 页，n. 32）。在 BAV, Borg Cin, 467, p.170，戈维里对胡若望信件的注记虽然没有标注日期，傅圣泽却指称（同前，第 171 页）那封信写于 10 月 30 日。戈维里如果在 10 月 15 日前就取得这封信，必然会附在他于 15 日寄给傅圣泽的信中。

12　作者翻译概述傅圣泽的这封信件，收录于"真实叙述"附录中他与戈维里往来的一批信件当中，BAV, Borg Cin, 467, p.170-182。他指称胡若望的信件为"barbouillee de characters chinois"（以中文字乱涂乱写）、"le brouillon"（胡说八道），两者都可见于第 171 页，而且是"grimoire"（疯言疯语），第 176 页。傅圣泽与戈维里的书信往来在此结束，接下来并未见到戈维里（或胡若望）的回信。

13　关于埃罗的个性，见 Williams, *Police of Paris*, 全书各处均有描写，以及第 299—300 页。1726 年，埃罗积极促成伏尔泰从巴士底监狱获释——见伏尔泰，*Correspondence*, ed. Besterman, I, 280-298。

14　埃罗处理胡若望案件的细节可能记载于夏特莱（Chatelet）警察档案里，但我没有找到。我依照 RF 547 而把这段内容的时间列为 12 月 5 日，其消息在 12 月 14 日（约莫）传至罗马。

15　关于埃罗的其他资料来自 RF 547，傅圣泽认为埃罗的举措与戈维里的探访有关，当然，部分传言也可能来自教廷大使或巴罗齐，RF 549 与 570。

16　卡第纳里明确指称八百法郎（利弗尔）的数额是教廷大使提出的，RF 570。傅圣泽称之为埃罗的"une grosse aumone"（一大笔施舍），RF 549, 565。潘如认为这笔钱直接由国王拨给奥斯坦德船只的船长，暂替胡若望保管。BAV, Borg Cin, 467, p.127。

17　布鲁塞尔与斯皮内利，RF 571。

18　埃罗与胡若望的闹事行为，RF 547 与 549。卡第纳里，耶稣会神父以及胡若望动身离开的情节，RF 570。

第十一章 返乡

1726 年 11 月初

广州附近

　　胡若望回来了！返乡的旅程相当平顺，从奥斯坦德一同起航的三艘船只在 10 月抵达广州的泊船处。除了胡若望以及与中国贸易的种种商品和金条银块之外，这三艘船只还为广州与北京的耶稣会传教士带来了一捆捆的信件。[1]

　　胡若望立即前往教廷传信部的传教所，潘如神父仍是庶务长。胡若望要求传信部赔偿他五年的薪资，也就是傅圣泽向他承诺却从来不曾支付的每年二十两。为了安抚他，潘如于是先给了他一部分的款项。

　　胡若望和母亲见面，得知在他离开期间，他母亲只收到了传教团方面不情不愿地给予少数生活方面的补助。他也见了儿子盖斯帕，这时已长成一名青年，也在广州的教会与潘如共事。

　　胡若望站在传信部的传教所与教堂外面——他们换了一名新的看门人——朝着街道大吼大叫。他对着经过的路人高声呼喊，吸引他们停下来听他说话。他向他们诉说了自己的欧洲之旅，提及自己在欧洲遭到的粗暴对待，也提到自己完全没有收到事前承诺的薪资。

　　胡若望口才便给又顽强不已，围观的群众愈来愈多。潘如说他会去找官吏过来，把胡若望关进牢里。胡若望要求取得他应得的钱，潘如于是说服了奥斯坦德船只的船长支付余额，因为警察总监埃罗就是把法国国王拨发的款项寄放在他身上。

胡若望一领到钱，随即出外购物，买了仿佛是宴会要穿的华丽服饰。他穿上华服，带着母亲和儿子出发前往不远处的故乡。

他儿子受不了父亲的装腔作势，于是逃到澳门和其他基督徒住在一起。

胡若望在家乡好好休息了一会儿，周遭都是他熟悉的景物与语言。他的儿子跑了，可是谁的儿子不是这么一回事？至少母亲还陪在他身边。胡若望的家乡里没人有过和他一样的旅游经历，在广州也没有，甚至整个广东省都没有。

胡若望坐在夕阳下，望着枝叶低垂的榕树。稻田已采收完毕，熟悉的溪流缓缓流动，远方隐隐可见山丘的轮廓线。"胡伯伯！胡伯伯！"孩童高声叫着，眼里充满了期待，尖细自信的嗓音此起彼落。"胡伯伯，跟我们说说西洋是什么模样。"

胡若望沉吟了一会儿，闭上眼睛。

"欸，"他说，"是这样的。"[2]

注释

1 船队在 10 月下旬一同抵达，此事可由宋君荣的信中拼凑而出。当时他正焦急地等待着他前往北京执行任务所需的天文仪器和技术书籍，结果没有等到。见宋君荣，ed. Simon，第 132 页（1726 年 11 月 6 日信件的补注——等他收到消息，大概还需要二到四周的时间）；确认于第 133 页（1726 年 11 月 10 日的信）；第 138 页（1726 年 11 月 21 日的信）指称刚收到了 Souciet 在 1725 年 12 月 11 日写的信。关于西方船只抵达的补充资料可从雍正宫中档案拾掇而得，但这类资料已不像康熙在位期间记载得那么详细。

2 Fioravanti 在罗马与傅圣泽见面，提到了盖斯帕在教廷传信部的教堂工作——"un fils déja grand qui se trouvait dans l'église du P. Perroni"，BAV, Borg Cin, 467, p.155。胡若望返乡的其他信息来自潘如写给傅圣泽的意大利文信件，广州，1727 年 1 月 10 日，BAV, Borg Cin, 467, pp.127-128，部分内容由傅圣泽译为法文，RF 550-551，意大利文的引文（正确无误）则在 RF 565。最后几行是我自己的想象，但潘如曾写道：胡若望 "con quell denaro che riceve si pose in gala e in Novembre [lit. IX^{bre}] parti con sua famiglia per sua patria"（在 11 月以那笔钱购置华服，并与家人一同动身返乡）。潘如另外还写道："in strada avanti la nostra porta radunava i cinesi che passarano, raccontando la sua gita all'Europa, i strapazzi ch'aveva ricevuto, ed il torto di non dargli il denaro concertato"（在我们房门底下的街道上，那名中国人讲述着他的欧洲之旅，以及他历尽艰辛又没有领得薪酬的遭遇，BAV, Borg Cin, 467, p.128）。

参考文献

AAE. *Archives des Affaires Etrangères* [Foreign Policy Archives], Paris, Quai d'Orsay. MD (Mémoires et Documents), Chine 12, Affaires Religieuses 1724–1866, folio pp. 6–83v, former Saint-Simon collection's version of Foucquet's *Récit Fidèle*.

AN, AJ2:84. *Archives Nationales,* Paris, file AJ2:84 (formerly listed as FF15:84). "Registre des Actes Capitulaires de ce couvent et hôpital de Notre Dame de la Paix de la Charité de Charenton Saint Maurice, ordre de Saint Jean de Dieu, 1719–1742."

AN, Y9423. *Archives Nationales,* Paris, Series Y, Salle Clisson, "Châtelet de Paris et prévôté d'Île-de-France," XIV, Chambre de Police, "Estat des Personnes" 15 Xbre 1722 and 26 Fevrier 1723.

Anon. *Histoire de la vie et du procès du fameux Louis-Dominique Cartouche.* Paris, 1833.

BAV, Borg Cin 467. *Bibliotheca Apostolica Vaticana,* Collection "Borgia Cinese," number 467. Pp. 1–116, transcript of Foucquet's *Récit Fidèle.* Pp. 117–128, substantiating letters marked from A to N. Pp. 129–182, correspondence between Goville and Foucquet. Pp. 182–185, miscellaneous letters concerning Foucquet's books, and a copy of Treville's warning letter.

BAV, Borg Cin 511. Miscellaneous materials in Chinese. Item 5 is a letter by Hu Ruowang to Foucquet, 1 sheet, 54 cm. × 23 cm.

BAV, Borg Lat 523. Collection "Borgia Latino," number 523. Folio pp. 84–85 contains Foucquet's "Breve Diario" of events in April–June 1723.

BAV, Borg Lat 565. Collection "Borgia Latino," number 565, materials by Foucquet. Pp. 96–394v constitute Foucquet's Journal and Letterbook for the period May 1721 (Canton) to September 1728 (Rome). The leaves also have page numbers in Chinese, from 3 to 550.

BAV, Borg Lat 566. 906 folio pp. of Foucquet's personal papers, writings, and secretarial copies.

Bib. Ste. Geneviève, MS 1961. *Bibliothèque Ste. Geneviève*, Paris, Manuscript 1961 (Supplement H.f.4°), pp. 8–15. "Fouquet [sic], lettres sur la Chine. Ci-inclus des copies des lettres écrites par lui ou à lui adressées, qui vont jusqu'en 1726."

BL, Add Mss 20583A. British Library, London, Store Street Depository. "Catalogue des livres Chinois apportés de la Chine par le père Foucquet Jésuite en l'année 1722," 48 pp., folio pp. 1–25.

BL, Add Mss 26816. British Library, London, folio pp. 144–150, "Lettre du P. Foucquet au P. de Goville Supérieur des Jésuites François à Canton, le 4 Août 1721." Folio pp. 151–186, Foucquet to Hervieu, Canton, 1 June 1721. Folio pp. 189–206v, Foucquet reply to Goville and Goville's enclosure ref. Foucquet's hostility to Jesuits.

BL, Add Mss 26817. British Library, London, folio pp. 231–266, variant copy of Foucquet, *Récit Fidèle*.

Blond, Louis. *La maison professe des Jésuites de la Rue Saint-Antoine à Paris, 1580–1762*. Paris, 1956.

BN, MS Français 15195. *Bibliothèque Nationale*, Paris, "Lettres de Monsieur l'abbé Bignon," folio pp. 74–142.

BN, MS nouvelle Acq. Fr. 6556. *Bibliothèque Nationale*, Paris, "Lettres du P. Foucquet," folio pp. 103–115.

Bontinck, François. *La Lutte autour de la liturgie chinoise aux XVIIe et XVIIIe siècles*. Louvain, 1962.

Brice, Germain. *Nouvelle description de la ville de Paris et de tout ce qu'elle contient*, rev. ed. 4 vols. Paris, 1725.

Buffet, Henri-François. *Vie et société au Port-Louis, des origines à Napoléon III*. Rennes, 1972.

Campiglia, G. Oscar Oswaldo. *Igrejas do Brasil*. São Paulo, n.d.

Cassini Map. Frères Cassini, *Carte de la France*, 1789, sheet 6.

Chagniot, Jean. "Le Guet et la garde de Paris à la fin de l'ancien régime," *Revue d'Histoire moderne et contemporaine,* XX, 1973, 58–71.

Chavagnac, Emeric de. Letter of 30 December 1701, Chotcheou, to Père le Gobien. *Lettres édifiantes et curieuses.* Toulouse, 1810, vol. 17, pp. 63–73.

Constans, Martine. *L'Eglise Saint-Paul Saint-Louis de Paris.* Paris, 1977.

Cordier, Henri. "Documents inédits pour servir à l'histoire ecclésiastique de l'extrême-orient," 1, "Correspondance du Père Foucquet avec le cardinal Gualterio," *Revue de l'Extrême Orient,* 1 (1882), 16–51.

Cordier, Henri. See RF.

Crow, Thomas E. *Painters and Public Life in Eighteenth-Century Paris.* New Haven, Yale University Press, 1985.

Curiositez de Paris, Les, by "M.L.R.," rev. ed. 2 vols. Paris, 1742.

Darnton, Robert. *The Great Cat Massacre and Other Episodes in French Cultural History.* New York, 1985.

Dehergne, Joseph. "Voyageurs chinois venus à Paris au temps de la marine à voile . . ." *Monumenta Serica,* 23 (1964), 372–397.

Dehergne, Joseph. *Répertoire des Jésuites de Chine de 1552 à 1800.* Rome, 1973.

Delattre, Pierre. *Les établissements des Jésuites en France depuis quatre siècles.* 5 vols. Enghien, 1940–1957.

Dermigny, Louis. *La Chine et l'occident: le commerce à Canton au XVIIIe siècle, 1719–1833.* 4 vols. Paris, 1964.

Elisseeff, Danielle. *Moi Arcade, Interprète chinois du roi-soleil.* Paris, 1985.

Elisseeff-Poisle, Danielle. *Nicolas Fréret (1688–1749): Reflexions d'un humaniste du XVIIIe siècle sur la Chine.* Mémoires de l'institut des hautes études chinoises, vol. XI. Paris, n.d.

Esquirol, E. "Mémoire historique et statistique sur la maison royale de Charenton," in *Des maladies mentales considérées sous les rapports médical, hygienique et médico-légal.* 2 vols. Paris, 1838.

Fan Shouyi. *Shen jian lu* [Record of my personal observations], 1721, transcribed in Fang Hao, *Zhongguo Xitong shi,* pp. 855–62.

Fang Hao. *Zhongguo Xitong shi* [History of Sino-Western Relations]. 2 vols. Taipei, 1983.

Favier, Jean. *Les archives nationales, état général des fonds*, vol. 1. Paris, 1978.

Fontaney, Jean de. Letter of 15 January 1704, London, to Père de la Chaise. *Lettres édifiantes et curieuses*. Toulouse, 1810, vol. 17, pp. 266–360.

Foss, Theodore. "The European Sojourn of Philippe Couplet and Michael Shen Fu-tsung (1683–1692)," in Marcel van Nieuwenborgh, ed., *Philippe Couplet (1623–93), the Man Who Brought China to Europe*. Louvain, forthcoming.

Foucault, Michel, tr. Richard Howard. *Madness and Civilization, A History of Insanity in the Age of Reason*. New York, 1973.

Foucquet, Jean-François. "Catalogus Omnium Missionariorum...." transcribed by Henri Cordier in *Revue de l'Extrême Orient*, vol. 2, 1883, pp. 58–71, from BL, Add MSS 26818, folio pp. 159–176.

Foucquet, Jean-François. Letter of 26 November 1702, Nan-Tchang-Fou [Nanchang fu], to Duc de la Force, *Lettres édifiantes et curieuses*. Toulouse, 1810, vol. 17, pp. 73–128.

Foucquet, Jean-François. *Récit Fidèle de ce qui regarde le Chinois nommé Jean Hou.* ... See AAE; BL, Add MSS, 26817; BAV, Borg Cin 467; RF. (The three MSS of Foucquet all use the eighteenth-century rendering "Récit Fidelle.")

Foucquet, Jean-François. "Risposte date dal. P. Gio-Francesco Fouquet [sic] della Compagnia di Giesu," Propaganda Fidei, Monday, 16 August 1723, BL, Add MSS 26817, folio pp. 179–189.

Fraser, Antonia. *The Weaker Vessel*. New York, 1984.

Frezier, M. *Relation du voyage de la mer du sud aux côtes du Chily et du Perou, fait pendant les années 1712, 1713 et 1714*. Paris, 1716.

Gaubil, Antoine. *Correspondance de Pékin, 1722–1759*, ed. Renée Simon. Geneva, 1970.

Gaubil, Antoine. Letter of 4 November 1722, Canton, to Monseigneur de Nemond, *Lettres édifiantes et curieuses*. Toulouse, 1810, vol. 19, pp. 199–207.

Gauchet, Marcel, and Gladys Swain. *La pratique de l'esprit humain, l'institution et la révolution démocratique*. Paris, 1980.

Gernet, Jacques, tr. Janet Lloyd. *China and the Christian Impact, A Conflict of Cultures*. Cambridge University Press, 1985.

Goldin, Grace. "Housing the Insane: A History," *Medical and Health Annual, Encyclopaedia Britannica,* 1983, pp. 36–59.

Gongzhongdang Yongzhengchao zouzhe [Yongzheng-reign palace memorials from the Palace Museum], vols. 6 and 7, Taipei, covering years 1726–1728.

Grand Bureau des Pauvres de cette ville et Fauxbourgs de Paris [Registers of Paris poor-relief expenditures for 1721–1724]. Paris, 1725. (In *Bibliothèque Nationale,* Paris, BN, R 7580).

Guangzhou fuzhi [Gazetteer of Canton prefecture]. Taipei, 1966 reprint.

Hu Ruowang (Jean Hou, John Hu, Giovanni Hu), letter by. See BAV, Borg Cin 511.

Hyde, Thomas, ed. Gregory Sharpe. *Syntagma Dissertationum,* 2 vols. Oxford, 1767.

Isherwood, Robert M. "Entertainment in the Parisian Fairs in the Eighteenth Century," *Journal of Modern History, 53* (March 1981), 24–48.

Jacques, Jean-Baptiste Charles. Letter of 1 November 1722, Canton, to l'Abbé Raphaelis, *Lettres édifiantes et curieuses.* Toulouse, 1810, vol. 19, pp. 166–199.

Jones, Colin. *Charity and* Bienfaisance: *The Treatment of the Poor in the Montpellier Region, 1740–1815.* Cambridge University Press, 1982.

Kangxi chao hanwen zhupi zouzhe [Palace Memorials in Chinese Language from Emperor Kangxi's reign], vol. 8, 1717–1722. Beijing, 1985.

Kreiser, B. Robert. *Miracles, Convulsions, and Ecclesiastical Politics in Early Eighteenth-Century Paris.* Princeton University Press, 1978.

Lely, Gilbert. *Vie du marquis de Sade.* Paris, 1982.

Lettres juives, ou correspondance philosophique, historique et critique. The Hague, 1764, vol. 5, letter 147.

Lundbaek, Knud. *T. S. Bayer (1694–1738), Pioneer Sinologist.* Scandinavian Institute of Asian Studies Monographs no. 54. London and Malmö, 1986.

Mercier, L. S. *Tableau de Paris.* 12 vols. Amsterdam, 1783.

Mercure, Le [Mercure Galant, Mercure de France], monthly issues, 1722–1724.

Morse. Hosea Ballou. *The Chronicles of the East India Company Trading to China, 1635–1834.* 4 vols. Oxford, Clarendon Press, 1926.

Mungello, David E. *Curious Land: Jesuit Accommodation and the Origins of Sinology.* Studia Leibnitiana Supplementa, XXV, Stuttgart, 1985.

Omont, Henri. *Missions archéologiques françaises en orient aux XVIIe et XVIIIe siècles,* Pt. 2. Paris, 1902.

Pfister, Louis. *Notices biographiques et bibliographiques sur les Jésuites de l'ancienne mission de Chine, 1552–1773.* Shanghai, 1932, Variétés Sinologiques no. 59.

Pinot, Virgile. *Documents inédits relatifs à la connaissance de la Chine en France de 1685 à 1740.* Paris, 1932.

Porter, Roy. *A Social History of Madness: Stories of the Insane.* London, 1987.

RF. *Récit Fidèle de ce qui regarde le Chinois nommé Jean Hou que le P. Foucquet Jésuite amena de la Chine en France dans l'année 1722 . . . ,* transcribed by Henri Cordier, from the MS copy in the Archives des Affaires Etrangères, Paris. *Revue de l'Extrême Orient,* vol. 1, 1882, pp. 381–422, 523–571.

Rosso, Antonio Sisto. *Apostolic Legations to China of the Eighteenth Century.* South Pasadena, 1948.

Russell-Wood, A. J. R. *Fidalgos and Philanthropists: The Santa Casa da Misericordia of Bahia, 1550–1755.* London, 1968.

Santos, Paulo F. *O Barroco e o Jesuitico na Arquitetura do Brasil.* Rio de Janeiro, 1951.

Schwartz, Robert M. *Policing the Poor in Eighteenth-Century France,* Chapel Hill, University of North Carolina Press, 1988.

Sevestre, P. "Eloge de la maison de Charenton," *L'information Psychiatrique, 52:3* (1976), 361–69.

Spence, Joseph, ed. James M. Osborn. *Observations, Anecdotes and Characters of Books and Men.* Oxford, 1966.

Thomas-Lacroix, P. *Le vieux Vannes.* Vannes, 1975.

Viani, Sostegno. *Istoria delle cose operate nella China da Monsignor Gio. Ambrogio Mezzabarba.* Milan. 1739.

Voltaire (François Marie Arouet). "Anecdote singulière sur le père Fouquet [sic], ci-devant jésuite," in *Dictionnaire philosophique,* section "Ana, anecdotes," 1784 ed., pp. 304–306.

Voltaire. *The Complete Works,* vol. 85. *Correspondance,* I, 1704–1729. Ed. Theodore Besterman. Geneva, 1968.

Weiss, Peter, tr. Geoffrey Skelton. *The Persecution and Assassination of Jean-Paul Marat as performed by the inmates of the Asylum of Charenton under the direction of the Marquis de Sade.* New York, 1965.

Wilhelm, Jacques. *La vie quotidienne au Marais au XVIIe siècle.* Paris, 1966.

Williams, Alan. *The Police of Paris, 1718–1789.* Baton Rouge, Louisiana State University Press, 1979.

Witek, John W. *Controversial Ideas in China and in Europe: A Biography of Jean-François Foucquet, S.J. (1665–1741).* Rome, 1982.